불교란 무엇인가 ^{小考}

'무아의 나'가 되는 방법

당신은 지금 어떤 사람이 되기를 원합니까?
무엇이 되고 싶습니까?
지금 이 순간 당신이 살고 있는 세상에서,
당신이 되고 싶은 '나'가 되십시오.
틀림없이 그렇게 될 것입니다.
불교란, '되고 싶은 나'를 만들게 하는
이 우주법계의 가장 바른 법칙입니다.

적행 지음

비움과소통

불교란 무엇인가 小考

적행 著

다무선원(DhaMu Seonwon)

당신은 지금 어떤 사람이 되기를 원합니까?

무엇이 되고 싶습니까?

지금 이 순간 당신이 살고 있는 세상에서,

당신이 되고 싶은 '나'가 되십시오.

틀림없이 그렇게 될 것입니다.

다무선원은 '되고 싶은 나'를 만들어가는

부처님의 참된 도량입니다.

DhaMu Seonwon

至心歸依
念念發願
增長見識
智慧明哲
饒益衆生

지심으로 귀의하고
생각생각 발원하니
바른마음 크게자라
밝은지혜 일어나서
나와함께 많은중생
한량없는 이익주리

차 례

1章. 불교의 이해(理解)[1]

1. 방편시설(方便施設)

: 깨달음이 너무나도 미묘하고 심오하여 중생들이 이해하지 못하므로, 중생들의 깨닫는 능력을 점진적으로 성숙시켜 가서 마침내 최상의 깨달음을 얻게 하는 방법이다.

- 방편(upaya)[2] : 접근한다
- 시설(prajnapti) : 알아내게 한다

2. 십이처(十二處)

: 모든 일체가 열두 가지 안에 들어간다.

모든 존재를 인간의 인식을 중심으로 본다. 즉, 인간에 의해 인식되지 않는 것은 일단 존재하지 않는 것으로 봐야한다는 기본적 입장을 나타낸다.

- 六根 + 六境 == 業因果報(업인과보: 인과업보) 발생

---

[1] 본 장(章)에서는, '고익진著『불교의 체계적 이해』'의 내용을 부분적으로 인용하고, 본 저자의 짧은 견해를 주석(註釋)해서 정리 하였다.

[2] ① 方: 방법, 방향, 두루, 널리, 모두, 바르다
② 便: 편하다, 익히다, 적절하다
==>모두 바르게 하다

방편의 참된 의미를 알지 못하고, 점을 보는 등 삿된 짓을 하는 것을 방편이라고 말하는 삿된 자들과, 그런 것을 따르는 사람들이 불교 안에 넘쳐나는 것이 문제이다.

①육근 =>인식기관(안이비설신의:眼耳鼻舌身意)
     -인간존재
     -주체적 인간의 특질--의지
          -능동적 작용
          -原因--業(인간의 의지적 작용)

②육경 =>인식대상(색성향미촉법:色聲香味觸法)
     -자연환경
     -객체적 대상의 특질--법(인간의 인식대상)
          -필연적 반응
          -結果--報(대상의 필연적 결과)

3. 오온(五蘊)

: 십이처 중, 오근(안이비설신)과 오경(색성향미촉)은 사대(四大: 지·수·화·풍)로 분석.
사대가 화합한 것이 색(色: rupa -- 물질적 형체)

◎오온 = 색온 + 수·상·행·식(四蘊) -->일체 존재를 의미
  ①색(안이비설신+색성향미촉 =사대) : 물질적 형체-->존재의
                                  근저를 이루는 부분

  ②수상행식(느끼고, 생각하고, 작용하고, 식별) : 정신적 부분
    -->사유와 행동을 전개시키는 비물질적 기능의 존재성

  ③오취온(五取蘊) : 오온에 욕탐(欲貪)이 있는 것(오온 + 번뇌)

4. 삼법인(三法印)

: 색은 무상하고 무상한 것은 괴로움이고 괴로운 것은 비아(非我=無我)다.

수상행식 또한 그와 같다.

색을 발생시키는 인과 연이 벌써 무상하니, 무상한 인과 무상한 연으로 발생한 색이 어찌 유상할 것인가. 수상행식도 그와 같다.[3]

1) 제행무상(諸行無常)

: 行은 오온 중의 행온을 가리키는데, 무상한 세계 속에서 개체를 유지하려는 행의 작용이야말로 무상함을 말한다.

2) 일체개고(一切皆苦)

: 무상한 것은 곧 괴로움

①인간의 느낌(受) --> 괴로움(苦)·즐거움(樂)·그 중간(不苦不樂(捨upekṣā:평정))의 세 가지.

무상하기 때문에 모두가 괴로움이다.

②괴로움의 종류(八苦) -->生老病死·怨憎會·愛別離·求不得의 괴로움.

곧 五取蘊은 괴로움(오온이 무상하기 때문 -->그러므로 照見五蘊皆空 度一切苦厄)[4]

---

3) 잡아함경 1권 11 '인연경(因緣經)'

4) 전통적으로 불교에서는 인간의 고통을 네 가지 또는 여덟 가지로 범례화 시켜 말한다. 네 가지는 생로병사(生老病死)이고, 그 위에 사랑하는 사람과 이별하는 괴로움(愛別離苦), 미워하는 사람을 만나야 하는 괴로움(怨憎會苦), 또한 갖고 싶은 것을 갖지 못하는 괴로움(所求不得苦), 그리고 이러한 괴로움의 근본인 오온(五蘊)에 집착하는 괴로움(五取蘊苦, 五陰盛苦:생존에 대한 집착)

3) 제법무아(諸法無我)

: 상일성(常一性: 불변성)과 주재성(主宰性: 내가 마음대로 할 수 있다)을 지닌 나라는 실체는 없다. 착각된 나(잘못된 我見)가 아닌 참다운 나(무상한 존재 속에 상주하는 법칙성)를 찾게 하는 목적.

4) 아함경의 삼법인

: 모든 것(色)은 무상하고 무상한 것은 괴로움이요, 괴로운 것은 나가 아니요(非我), 나의 것(我所)이 아니다.5)

　　-->괴로운 것은 진실한 나가 아니다(아트만6), 자아). 그런 곳에 상일성·주재성을 띤 나의 실체는 없다(無我).

의 넷을 더하여 여덟 가지 고통이라고 말한다. 그러므로 오온이 공(무상무아)한 것을 바로보고 일체의 괴로움을 멸한다는 것이 반야심경의 핵심요지이다.

5) 잡아함경 1권 9 '염리경(厭離經)'

6) 아트만(Ātman)은 고대인도 철학 사상에서 가장 기본적인 개념으로 본질적인 자아(我)의 근원을 의미한다.

힌두교에서는 우주의 궁극적 근원을 브라흐만(Brahman.梵:우주의 근본적 실재 또는 원리)으로 보고, 각 존재에 내재(內在) 하는 상주(常住)·단일(單一)·주재(主宰)하는 불변의 자아를 아트만으로 설정하여, 이 두 가지는 동일한 것이라고 본다. 즉, 근원적인 존재로서 아트만은 우주이자 세계이기도 하다(梵我一如). 그러나 불교에서는 이것을 절대적으로 부정하고 아(我)나 자아(自我)는 모두 다른 요소들의 인연 결합으로 생겨나는 것이라고 해석한다.

4

5. 연기(緣起)[7][8] = 인(因) + 연(緣)

1) 생멸변화하는 사물의 인과관계

발효조건(1차적 원인: 인위적 작용) + 우유(2차적 원인) = 치즈
  ⇩   ⇩
동력인(원인: 직접적) + 질료인(연: 간접적) =연기

---

7) 연기란 인연생기(因緣生起), 곧 인연(因緣)에 의해 생긴다(生起)는 법칙이다. 다시 말해 일체 모든 것은 인과 연의 결합에 의해서 생겨나고 변화해간다는 것으로, 인(因)이란 결과(果)를 생기게 하는 동력인으로 직접원인이며, 연(緣)이란 직접원인에 화합하는 질료인으로 간접원인이다. 이렇게 원인은 직접적이고 연은 간접적이라는 입장에서 친인(親因)· 소연(疏緣)이라고도 한다.
이렇게 인연에 의해 생하고 멸한다는 인연생멸(因緣生滅)의 법을 인과(因果)의 법칙이라고 한다. 예컨대, 우유(緣)에 발효조건(因)을 주면 치즈(果)가 되고, 또 이 치즈는 다시 버터를 만드는 질료인이 되어 치즈(緣)에 발효의 조건(因)을 주면 버터(果)가 만들어지는 것과 같다.
또 과일나무(緣)를 땅에 심어 물과 비료를 주고 잘 가꾸는 행위(因)를 하여 열매가 열리게 되며(果), 잘 기른 결과 과일을 먹을 수 있게 된다(報). 이러한 것이 인연과보(因緣果報)의 법칙인데, 여기서 반드시 발효조건이나 가꾸는 행위만이 인(因)이고, 우유나 과일나무가 연(緣)인 것은 아니다. 즉, 인과 연은 어느 것이 먼저라고 할 것도 없이, 상황과 때에 따라 어느 것이 더 직접적일 수도 간접적일 수도 있으므로 인과 연이 바뀔 수도 있는 것이다.
8) 창조란 없던 것을 만들어 내는 것이 아니라, 있는 것들을 조합하여 새로운 것으로 만들어 가는 것이다.(=연기)

2) 상의상관성(相依相關性 = 연기 : 존재와 존재사이의 관계)
  : 모든 존재는 결과임과 동시에 원인이기도 하다. 즉, "이것이 있음으로써 저것이 있고, 이것이 생함으로써 저것이 생한다(此有故 彼有 此生故彼生). 이것이 없음으로써 저것이 없고, 이것이 멸함으로써 저것이 멸한다(此無故彼無 此滅故彼滅)."[9]

3) 인간의 성패(成敗) 원리도 인연법에 의하면, 아무리 노력하여도(주체적 인간의 의지적 작용 = 업인(業因, karma)), 외연(外緣: 우유라는 質料因 = 연(緣, pratyaya))이 갖추어지지 않으면 뜻이 이루어지지 않는다. 즉, 돌에다가 발효조건(노력=행위=業因)을 갖추어줘도 치즈가 되지 않는다는 것이다.
  조금 다르게 비유한다면, 아무리 노력(행위=因)을 행하고 있어도, 그 노력이 나의 그릇(緣을 담는 그릇)을 만들어 키우는 것이어야 그에 맞는 연(緣)을 담게 되어 이루어지는 것인데, 나의 그릇, 곧 인(因: 緣을 담은 그릇은 다시 因이 된다)이기도 하고 연(緣)이기도 한 그릇을 바르게 만들지 못하면, 담을 것이 있다 해도 담을 수가 없으니 처음부터 되지를 않는 것이다. 한마디로 내가 만든 '나의 공덕의 그릇'에 맞는 크기만큼만 담을 수 있다는 말이다.
  그러니 나의 그릇을 변화하여 키우는 바른 노력(行)을 해야지, 나는 변화 없이 그대로고, 돌에다가 손 모아 빌면서 치즈가 되기를 바라는 것처럼 아무 쓸모없는 노력을 하는 것은, 노력이 아니라 단지 되지 않을 욕망을 노력이라고 착각하면서, 어리석게 아무리 노력을 해도 되지가 않는다고 말하고 있는 것이다.
  이처럼 인과 연은 따로 떨어질 수 없는 것으로, '무아의 나'가 된다는 것은 '좋은 인과연의 나'뿐만 아니라 '좋은 인과연의 남(=궁극적으로는 나)'을, '지금의 나'가 석가모니부처님의 가르침을 그대로 따라서 만들어감으로써 마침내 법계의 정품(正品)이 되는 것이다.

---

9) 잡아함경 15권 369 '십이인연경(十二因緣經)'

6. 법주법계(法住法界)

1) 법주(法住): 무상한 속에 일정한 법칙이 상주하고 있어 각 존재에는 그런 법칙이 머물고 있다.
　　①인간과 세계사이 ; 인과관계
　　②사물의 생멸변화 ; 인연화합의 조건
　　③존재와 존재사이 ; 상의상관성

2) 법계(法界)[10]: 모든 존재는 법칙을 요소로 해서 성립해 있다.[11]
즉, 모든 존재는 법칙을 성품으로 하는 법성을 지닌 법(dharma)[12] 이다. 따라서 일체를 제법이라고 하는 것이다.

---

10) 계(界) = 구성요소, 층(層)
11) 잡아함경 12권 296 '인연경(因緣經)'
"어떤 것을 연생법이라고 하는가? 이른바 무명(無明)과 행(行) 등등이니, 부처님께서 세상에 출현(出現)하시건 혹은 세상에 출현하지 않으시건 이 법은 항상 머무르나니, 법이 항상 머무르는 곳을 법계라고 한다."
12) 법을 팔리어로는 담마(Dhamma)라 하는데, 이는 상좌불교에서 팔리어 경전에 근거하여 칭하는 이름이다. 한편 대승불교에서는 산스크리트어 경전에 근거하여 법을 다르마(Dharma) 라고 한다.
법은 크게 두 가지 뜻을 지니고 있다. 첫째, 진리· 부처님 말씀· 가르침· 깨달음의 법을 말하고, 둘째는 마음의 대상을 가리키는 말이다.
법을 팔리어로 표기할 때는 두 가지가 있다. 법의 첫 번째 뜻인 진리를 말할 때에는 처음 D를 대문자로 써서 Dhamma(담마)라고 쓴다.
법의 두 번째 뜻인 마음의 대상을 말할 때에는 소문자를 써서

7. 무아(無我)

1) 이유이무 비유비무(而有而無 非有非無)
: 무(無)와 유(有)의 두 끝을 떠난 중도적(中道的) 공(空)을 의미하는 말로, 불교의 무아는 그와 같다.
즉, 지금의 집착하는 나에게는 실재성이 없으므로 무아이다. 그러나 이 무아는 망념에 입각한 나(=알고 보고 말하는 나: 妄我)까지도 없다는 것은 아니다.(-> 근본적 차별)
따라서 무아는 무와 유의 두 끝을 떠난 而有而無 非有非無의 중도적 공이다.(-> '인+연'의 근원점)

2) 무아의 참다운 나(나라는 참 실체)
 : 무상한 존재 속에 상주하는 법칙성(법성)이라 할 수도 있다.

---

dhamma(담마)라고 쓰거나, 복수로 's'를 붙여서 dhammas(담마스)라고 한다. 알아차릴 내적·외적 대상이 많기 때문에 복수로 써서 법을 표현한다.
법은 크게 두 가지로 나뉘어서 사용되지만 세부적으로 많은 뜻을 가지고 있다. 법· 진리· 이론· 원인· 조건· 현상· 현상세계· 정신적 대상· 생각· 철학· 자연· 우주적 질서· 도덕· 선한 행위· 가르침· 교훈· 조직적 가르침· 분석적 지식 등이 있다. 수행에서 말하는 법은 통상적으로 두 번째의 법의 의미인 마음의 대상을 말한다. 이때의 법은 마음이 대상을 맞이할 때 새로 마음을 내서 알아차림을 하는 것이다.
마음은 대상이 없으면 일어나지 않기 때문에 반드시 대상이 있다. 이때의 마음은 내적· 외적 대상을 맞게 되는데, 이것이 모두 대상으로서 법이라고 한다. 이것은 육근과 육경이라는 육내처와 육외처의 12처를 말한다. 즉, 眼耳鼻舌身意가 色聲香味觸法이라는 경계에 부딪치는 것이 모두 법이다. 수행 중에 마음이 알아차릴 대상도 모두 법에 속한다.

--->법칙성에 대한 앎 = 명(明 : 밝힘, 실재하는 것)

<십이연기설: 연기해서 있지만 실재성이 없는것을 실재한다고 착각한 망념(무명)에서 연기한 것에는 실체가 있다고 볼 수 없다. 그러나 세간은(세계·일체·我) 무명에서 연기해 있기 때문에 없다고 말해서도 안되고, 있다고 말해서도 안된다. 즉, 일방적 단정을 내릴수는 없다.
이것이 십사무기(十四無記: 열네 가지 무의미한 질문에 대한 침묵)13)14)의 이유이기도하다. >

---

13) 말룽꺄뿟타(Malunkyaputta, 만동자)의 열 가지 질문. <잡아함경 16권 408 '사유경(思惟經)'>, 또는 왓차곳따의 열가지 질문(十事無記). <맛지마니까야72, 악기왓차곳따경(Aggi-vacchagotta-sutta:불의 담론-왓차곳따경)>
 ①시간적 우주론: 세간은 영원한 것인가, 무상한 것인가, 영원한 것이기도 하고 무상한 것이기도 한가, 영원하지도 않고 무상하지도 않은가.
 ②공간적 우주론: 세간은 끝이 있는가, 끝이 없는가, 끝이 있기도 하고 없기도 한가, 끝이 있는 것도 아니고 끝이 없는 것도 아닌가.
 ③자아론(自我論): 자아(命)와 육체(身)는 동일한가, 별개인가.
 ④사후의 문제: 여래는 죽은 뒤에도 존재하는가, 존재하지 않는가, 존재하기도 하고 존재하지 않기도 한가, 존재하는 것도 아니고 존재하지 않는 것도 아닌가.
 ==>북방불교에서는 10가지가 아니라 14가지로 알려져서(잡아함경 7권 168 世間常經), 아비담마구사론에서는 십사무기(十四無記)로 언급되고 있다.
14) 부처님의 대답. <중아함경 60권 221 '전유경(箭喩經)'>의 十四無記.

'우주는 시간적으로 영원하다'는 견해를 가진 사람에게도 남이 있고 늙음이 있으며 병이 있고 죽음이 있으며, 슬픔·울음·근심·괴로움·번민이 있으니, 이리하여 이 순전히 괴로움뿐인 큰 무더기가 생긴다. 이와 같이 '우주는 시간적으로 영원하지 않다. 우주는 공간적으로 유한하다. 우주는 공간적으로 무한하다. 자아와 육체는 동일하다. 자아와 육체는 별개이다. 여래는 육체가 죽은 후에도 존재한다. 여래는 육체가 죽은 후에는 존재하지 않는다. 여래는 육체가 죽은 후에는 존재하기도 하고 존재하지 않기도 한다. 여래는 육체가 죽은 후에는 존재하는 것도 아니고 존재하지 않는 것도 아니다'는 견해를 가진 사람에게도 남이 있고 늙음이 있으며 병이 있고 죽음이 있으며, 슬픔·울음·근심·괴로움·번민이 있으니, 이리하여 이 순전히 괴로움뿐인 큰 무더기가 생긴다.

'세상은 시간적으로 영원하다'는 말을 나는 언제나 하지 않는다. 무슨 이유로 언제나 이런 말을 하지 않는가? 이런 말을 하는 것은, 이치(義)에 합당하지 않고 법(法)에 합당하지 않으며 또한 범행(梵行)의 근본이 되는 것이 아니기 때문에, 지혜(智)로 나아가게 하는 것이 아니며 깨달음(覺)으로 나아가게 하는 것이 아니며 열반(涅槃)으로 나아가게 하는 것이 아니기 때문이다. 그러므로 나는 언제나 이런 말을 하지 않는다. 이와 같이 '우주는 시간적으로 영원하지 않다. 우주는 공간적으로 유한하다. 우주는 공간적으로 무한하다. 자아와 육체는 동일하다. 자아와 육체는 별개이다. 여래는 육체가 죽은 후에도 존재한다. 여래는 육체가 죽은 후에는 존재하지 않는다. 여래는 육체가 죽은 후에는 존재하기도 하고 존재하지 않기도 한다. 여래는 육체가 죽은 후에는 존재하는 것도 아니고 존재하지 않는 것도 아니다' 등의 말을 나는 언제나 하지 않는다. 무슨 이유로 언제나 이런 말을 하지 않는가? 이런 말을 하는 것은, 이치(義)에 합당하지 않고 법(法)에 합당하지 않으며 범행(梵行)의 근본이 되는 것이 아니기 때문에, 지혜(智)로 나아가게

<불교의 무아(無我)이론에서 '아(我)'가 존재하지 않는다는 말은, 세상에 태어나서 한 생을 살다가 죽어가는 현상계의 인간 존재까지 부정한다는 말은 아니다. 단지 이와 같은 존재를 영원하고 고정불변 하는 실체라고 생각해서는 안 된다는 것이다.

현상계에 존재하는 '나(我)'란 비실체적인 몇 가지 요소들이 모여서 일시적으로 존재하고 있는 임시적인 존재이기 때문에 '가짜 나(假我)'라고 하고 있고, 이 '가짜 나(假我)'의 존재는 인정하고 있는 것이다. 이것을 용수보살의 삼제게(三諦偈)로 표현하면 '因緣所生法 我說卽是空 亦爲是假名 亦是中道義'로 나타낼 수 있다.

즉, 일체제법은 모두 인연으로 이루어진 상대적인 것, 고정성이 없는 공무아(空無我) 곧 공성(空性). 현재의 모습과 현상은 임시적이며 일시적인 가유(假有)의 존재, 양면성의 존재이다. 이 같은 양면성의 존재는 而有而無 非有非無인 중도적 존재이다. >

하는 것이 아니며 깨달음(覺)으로 나아가게 하는 것이 아니며 열반(涅槃)으로 나아가게 하는 것이 아니기 때문이다. 그러므로 나는 언제나 이런 말을 하지 않는다.

그러면 나는 어떤 법을 언제나 말하는가? 나는 다음과 같은 이치(義)를 언제나 말하는데, 그 이치란 괴로움(苦)과 괴로움의 원인(苦習)과 괴로움의 소멸(苦滅)과 괴로움의 소멸에 이르는 길(苦滅道跡)이다(사성제(四聖諦)). 나는 언제나 이것들(사성제)을 말한다. 무슨 이유로 나는 언제나 이것들(사성제)을 말하는가? 이것들(사성제)을 말하는 것은, 이것들(사성제)은 이치(義)에 합당하고 법(法)에 합당하며 범행(梵行)의 근본이 되기 때문에, 지혜(智)로 나아가게 하고 깨달음(覺)으로 나아가게 하며 열반(涅槃)으로 나아가게 하기 때문이다. 그러므로 나는 언제나 이것들(사성제)만을 말한다. 이와 같은 것이 바로, 말하지 않아야 할 것은 말하지 않고 말하여야 할 것은 말한다고 하는 것이다. 너희들은 마땅히 이러한 태도를 가짐으로써, 이와 같이 진정 가져야 할 것을 가지고 진정 배워야 할 것을 배워야 한다.

<<타4 -이유이무 비유비무(而有而無 非有非無)의 공간적 개념>

사람 ⟷ 사람

⇒가까울수록 멀다 or 멀수록 가깝다

둘이 마주보고 있을 때 둘 사이의 거리는 짧을 수도, 길수도, 없을 수도, 무한일수도 있다.(고정관념을 탈피해서 생각해야 한다)
양다리를 걸친 궤변이나 속임·모순이 아닌, 공=중도. 곧 무아인 것. >

8. 윤회(輪廻)의 주체

: 윤회[15]를 하기 위해서 한 생에서 다른 생으로 영혼과 같은 어떤것이 반드시 옮겨가야 할 이유는 없다. 윤회란 고정불변하는 어떤 주체가 한 생에서 다른 생으로 '옮아가는 것(移轉)'이 아니라, 존재 그 자체가 변화하면서 '계속'하는 것이다.[16]

그것을 부처님은 "업과 과보는 있지만 그것을 짓는 존재는 없다. 이 존재(此陰: 죽는 존재)가 사라지고 다른 존재(異陰: 태어나는 존재)가 서로 계속된다.(有業報而無作者 此陰滅已 異陰相續)"[17]라고 설명하고 있다.[18]

이것을 포타바루경에서는 우유의 비유로써 좀 더 구체적으로 설명하고 있다.

"비유하건데 우유가 변해서 낙(酪:요구르트)이 되고, 낙이 변해서 생소(生酥:생버터)가 되고 생소는 변해서 숙소(熟酥:정제버터)가 되고 숙소는 변해서 제호(醍醐:치즈)가 되어 제호를 제일이라 하는데, 우유로 있을 때는 다만 우유라 이름 할 뿐, 낙이나 소나 제호라 이름하지 않는 것과 같다.

---

15) 윤회는 영혼이나 아트만이 아닌 업의 뭉탱이인 유아(有我)의 불완전성 때문에 일어난다. 유아는 계속된 업의 상속에 의해 형성된 형질을 완전히 벗어나지 못하고, 그 형질이 식장된 상태로 윤회되는데, 곧 형질이 윤회되는 것이므로, 상속된 형질을 하나씩 벗겨내면, 결국 업의 뭉탱이가 완전히 흩어진 상태인 무아(無我)로 간다.

16) ①물질적 윤회: ex) 사과를 사람이 먹으면 몸을 형성하고 물리적에너지를 발생 한다.
②정신적 윤회: 소위 '식(識)'이라고 불리는 에너지의 상태가 어떻게 변화하여 존재하게 되는가.

17) 잡아함경 13권 335 '제일의공경(第一義空經)'

18) 모여서 만들어진 유아의 존재이기 때문에 흩어지면 다른 존재로 변화한다.

그래서 과거의 몸이 있을 때는 다만 그 과거의 몸뿐이요[19] 미래나 현재의 몸은 없는 것이며, 또한 미래의 몸이 있을 때는 다만 그 미래의 몸뿐이요 과거나 현재의 몸은 없는 것이며, 현재의 몸이 있을 때는 다만 이 현재의 몸이 있을 뿐이요 과거나 미래의 몸은 없다."[20]

즉, 우유가 낙에서 제호로 되는데 있어서, 낙은 더 이상 우유가 아니고, 생소 역시 더 이상 낙이 아니다. 그러므로 우유에서 제호 사이의 동일성은 없다. 그러나 그들 사이에 불가분의 관계는 있다. 즉, 우유 없이 낙이 있을 수가 없고, 낙 없이는 생소도 있을 수가 없는 것이다. 그리고 숙소 없이는 제호도 생길 수 없다.[21] 물이나 기름과 같은 다른 물질로는 아무리 우유에서와 같은 조건을 만들어 준다 해도 낙이나 생소나 제호는 얻을 수 없다.

비유에서와 같이 무아윤회이론에서는 한 존재가 다른 존재로 윤회할 때 고정불변하는 영혼과 같은 어떤 실체가 옮겨가는 것이 아니라, 존재 전체가 변화[22]해서 다른 존재로 된다는 것이다. 그리고 이와 같은 변화를 가능하게 하는 것이 업(karman)[23]이다.

---

19) 이 시점에서 구성된 '인+연'의 존재만 있지, 다른 시점의 존재는 없다.

20) 장아함경 17권 28 '포타바루경((布咤婆樓經)'

21) 수준에 따른 변화의 단계로 볼 수 있다.

22) '인+연'의 존재가 흩어졌다가, 다시 '인+연'되어 다른 존재로 만들어진다.

23) 존재1(초기구성요소+행) ⇒ 존재2(2차구성요소(+행))
:존재1이 존재2로 변화한다. 그런데 제일 처음의 존재인 존재1의 초기구성요소가 무엇이냐하는 의문이 나오게 된다.
행(작용한 힘=업력)이 작용하지 않은 초기구성요소를 공(空), 또는 순수에너지라고 일단 지칭하지만, 그 의문에 대한 답은 십이무기로 이해해야 할 것이다.

한 존재가 살아 있을 때 지은 업은 잠재적인 에너지, 즉 업력(業力)[24] 상태로 그 존재 속에 축적되어 있다가 존재가 죽으면 그 업력이 작용해서[25] 다음 존재를 만든다는 것이다.

따라서 과거에 지은 업은 현재의 존재를 만들었고, 현재 짓는 업은 미래의 존재를 만들게 된다. 그리고 업의 성질[26]에 따라 천상의 존재가 되기도 하고 축생이 되기도 한다. 여기에 아트만(atman)과 같은 고정불변한 윤회의 주체가 반드시 있어야 할 필요성은 없다.

그런데 여기서 이런 문제가 생겨난다. 현재의 존재에서 다음 존재로 넘어가는 영혼과 같은 것이 없다면, 현재의 존재가 지은 업의 결과(果報)[27]는 누가 받게 되는가?

윤회와 업사상의 중심이 되는 것은, '자신이 지은 업은 자신이 그 결과를 받는다'라는 자업자득(自業自得)의 원리인데, 업을 짓는 존재와 그 과보를 받는 존재가 동일하지 않다면 이 원리는 어떻게 되는 것인가?

이 문제에 대해서는 우유의 비유에서처럼 전자와 후자가 동일하지는 않지만, 그러나 불가분의 관계를 가지고 있다는 원리에서 그 답을 찾을 수 있다. 우유와 제호는 같은 것이 아니지만 그러나 우유의 질이 좋지 않을 때는 그 결과인 제호의 질도 좋지 않을 것이다. 즉, 우유와 제호는 동일한 것이 아니라고 해서 우유가 가진 결함에 대한 결과를 제호가 받지 않을 수는 없는 일이

---

24) 종자식(種子識)으로 표현되는 씨앗과 같은 에너지의 상태일 것이다.

25) ex)망치로 때리는 힘은 보이지 않으나 작용하여 대상을 변화시킨다. 그리고 힘의 강약, 즉 업의 수준에 따라 변화도 다르다.

26) 이전 존재의 수준으로 볼 수 있다. 그 수준에 따라 다음 존재의 수준(상태, 위치, 환경..등등)도 결정되어진다.

27) 기존의 존재가 흩어졌다가 다시 모여 만들어질 새로운 존재의 상태나 수준.

다. 다시 말해 현재의 제호와 과거의 우유는 동일한 것이 아니지만, 그러나 불가분의 관계가 있는 것이다.

무아윤회이론에서의 과보 문제도 마찬 가지다. 과거의 존재와 현재의 존재는 다르지만 과거의 존재가 지은 업의 결과는 현재의 존재가 받게 된다. 이것을 밀란다왕문경(Milinda Pañha)에서 나가세나 비구는 한 마디로 결론을 내린다. "다시 태어나는 자는 죽은 자와 다르다. 그러나 그는 죽은 자로부터 유래한다. 그러므로 그는 죽은 자가 지은업(업의 과보)에서 벗어날 수 없다.[28]"

부처님께서는 이것을 말씀하시기를.

'欲知前生事 今生受者是요. 전생 일을 알고자 한다면 금생에 받고 있는 바로 이것이요.

欲知來生事 今生作者是라. 내생 일을 알고자 한다면 금생에 짓고 있는 바로 이것이니라.'[29]

<그렇다면 본생담(本生譚:자타카(Jataka))의 전생이야기[30]를 방편적 이야기로만 볼 것인가?

만일 본생담을 사실로 본다면, 왜 새로운 무명으로 생겨난 '나'는 이전의 무명으로 생겨났다가 죽은 '그'를 기억하지 못하는 걸까?

---

28) 숲속에 있는 사과나무에 열린 독이든 사과는 땅에 떨어져서 썩고 분해되어 다른 존재에게 먹히는 물질적윤회와, 다른 존재로 다시 나오는 소위 '식(識)'이라하는 에너지상태의 정신적윤회를 하게 되는데, 어느 경우든 독의 성분은 그대로 전이(轉移) 된다.

29) 진정한 의미의 전생과 다음생

①전생=태어나기 전 + 태어나서 지금 전까지 시간

②다음생=지금부터 죽기 전까지 시간 + 죽고 난 다음

30) 꿈이 윤회(=유아윤회⊂무아윤회에 포함)한다고 본다면, 꿈이 아트만은 아니지만 꿈을 그대로 가져간다면 꿈속의 꿈에서 기억이 가능하다.

①부처님 ->기억한다(자타카를 사실로 볼 경우)

          -->십이연기를 이해. 꿈을 차례로 걷어내어 무명의 꿈을 하나씩 멸함.[31]

②'나' ->기억하지 못한다.[32] 왜?

          -->동력인만 연결되었을 뿐(무명(power) + 육신)[33]

◎무명의 나 + 업(업1(내가 만든 업) + 업2(외부의 업: 부모의 업 (소위 유전), 환경 등))

↓

그러나 이것도 업력 스스로 선택한 육도의 하나이다.

=>죽음 =>새로운 무명(꿈속의 꿈)

↓

윤회하는 존재를 형상이나 영혼 등으로 보아서는 안된다. 무명이 연기해서 윤회하는 것이다.[34] 무명을 없애지 않는한 계속되는 반복이다. >

---

31) 부처는 꿈에서 완전히 깨어났다. 즉, 깨어나서 꿈을 기억한다. 무명의 거울속의 거울들, 즉, 꿈속의 꿈들을 모두 걷어낸 자이다.

32) 여전히 꿈속의 꿈에 있다. 또, 꿈에서 꿈을 꾸는것을 인지하지 못하니, 꿈속의 꿈들을 기억하지 못한다.

33) 업력(작용된 힘) + 존재의 구성요소

34) 이전의 존재가 영혼으로 윤회하는 것이아니라, 업력, 즉 작용된 힘(식·정신·에너지형태)과 흩어진 구성요소(물질·육신)가 윤회되어 새로운 존재로 만들어지는 것이다.

<<선17 -무엇이 윤회하는가?>>

*무아 <---> 윤회 =>모순

*밀란다왕문경에서 나가세나 비구의 좋은 비유 -> 촛불에서 촛불로

①초=육신, 불=옮겨진 식(識)[35]

　-> 이 촛불이 그 촛불인가?

　-> 내가 나인가 아닌가?

　　-->나일수도 아닐수도, 나이면서 아니기도

=>이유이무 비유비무: 일시적, 양면성의 존재, 중도적 존재, 인연 화합으로 만들어진 것.

②업력이 옮겨온다

　->센불은 세게, 약한불은 약하게

　->죽은자의 몸 -->삶과 끊어진 죽은 육신에도 살았을 때의 행위로 인한 멍과 같은 흔적(과보)이 남는다. 업력[36]도 그와 같이 남아 어딘가로 옮겨진다.

　ex)인과응보의 법칙(작용반작용법칙)

　:주먹으로 벽을 때린다 ->힘을 가한만큼 내가 아프다. 주먹에 상처가 남는다.

---

35) 예컨대 초의 모양은 사람모양, 개모양, 고양이모양...등등으로 바뀌어도 초에서 초로 옮겨오는 것이고, 불은 이전의 불이 그대로 옮겨오는 것이 아니어도, 이전의 불과 필연적으로 연결되어 크기나 세기가 지금의 불의 크기와 세기를 결정짓는다. 다시 말해 존재의 형태가 어떻게 바뀌어 다시 나타나든지, 이전의 행업(因)은 그대로 따라와 지금 과(果)를 나타나게 한다.

36) 작용된 힘

주먹이 아픈건 즉시 돌아오지만 눈에 보이지 않는 업은 서서히 돌아오는데, 반드시 돌아온다-->부처도 예외가 없다.
 ->행위의 결과
  -->지금 나타날 수도, 억겁의 시간 뒤에 나타날 수도 있다.
  -->그러나 반드시 나타난다(ex: 별의 빛은 별이 없어졌다하더라도 우주공간에 남아 언젠가는 전달된다)

③중생의 업력도 업력보존의 법칙이 작용된다. 그러므로
  -->어떻게 업력을 변화시킬 것인가?[37]

---

37) 사과나무에서 사과가 열리고, 콩심은데 콩나는 것이 현상세계의 법칙이지만, 예컨대 유전자 조작을 통해 콩심은데 팥이 날수도 있는 것이다. 그러나 그 근본 바탕은 콩으로, 즉 완전히 다른 것으로 변하는 것이 아니라 이전의 것과 연결된 변화이다.
파리와 모기도 시골과 도시에서 환경에 따라 다른 행동을 보이며, 다음대의 파리와 모기도 그것을 바탕으로 진화하여 태어난다.
업을 바꾸는 방법도 그와 같다. 업은 콩에 담겨 콩심은데 콩나는 유전자처럼 내가 그렇게 행동하게 되는 원인이다. 화날 일이 있어서 화가 나는 것이 아니라, 업에 의해 무의식적으로 화의 인자(因子)가 작동하여 화가 나는 것이다. 그런데 이것은 본래부터 가지고 있었던 것이 아니라 오랜 시간 환경이나 행위가 작용하는 업의 반복(윤회)을 통해 형성된 것이다. 즉, 이 말은 업이 진화(進化)하여 변화 할 수 있다는 의미이다. 다만 업의 진화의 방향이 좋은 쪽으로인지 나쁜 쪽으로인지는 자신이 결정할 문제이다. 빈손으로 와서 빈손으로 간다는 공수래공수거는 있을 수가 없다. 업을 지고 와서 식(識)을 더하여 가는 것이다. 한 예로 한국인들의 경우 아침에 일어나 '아이고 죽겠다'로 시작해서 밤에 자기 전에 '아이고 죽겠다'로 끝나는 경우들이 많다. 또 오랜 관습에 따른 인사의 경우도 '안녕한가', '밥먹었나'인데, 편안하지 못했던 삶의 반영이라고 볼 수도 있다. 미국이나 영어권국가들의 경우 인사가

--->어떤 힘을 발생시키게 할 것인가? 하는 것이 중요한 관점이다. >

<<미12 -업력보존의 법칙>
　①법인 ≒ 법칙(유사하나 궁극적 개념에서는 다르다)[38]

　②에너지보존의 법칙: 사용된 에너지와 발생된 힘은 같다.

　③업력보존의 법칙: 행(行: 엔트로피(entropy)[39] 감소 행위)으로

'굿모닝, 좋은날, 아름다운날, 좋은시간' 등으로 표현되는 것을 보면, 그래서 그들이 더 훌륭하더라 하는 그런 의미로서가 아닌, 좋은 것은 받아서 잘 사용할 필요가 있는 것이다. 어릴 적에 내가 제일 먼저 배운 영어 단어가 '해피happy'였는데, 그때는 주위의 개 이름이 대부분 해피였기 때문이다. 물론 실상을 들여다보면 좋은 의미를 받아서 쓴다고 해피라고 한 것이 아니라 그냥 영어니까 세련되어 보일 듯해서 개 키우던 사람들이 너도나도 유행처럼 붙여 부르던 이름이었겠지만, 그리고 지금은 촌스러워져서 개 이름으로는 쓰지 않는 단어가 되었지만, 이제는 본래의 좋은 의미로서 'happy', '왕해피' 해야 할 필요가 있다. 그런 것처럼 만일 '그랬더라면 좋았을 것을'이라고 생각하는 것이 있다면 지금 그것을 해라. 그것이 나의 행위를 아뢰야식에 인식시키는 분명한 방법으로 업이 진화하여 변화되게 한다.

38) 법인(法印):근원적 법 ≒ 법칙(法則):근원적 법에서 발생한 법
39) 열이 높은 온도에서 낮은 온도 쪽으로 흘러가는 성질을 '열역학 제2법칙'이라고 하는데, 열역학 제2법칙을 포괄적으로 설명하기 위해 정한 새로운 물리량을 '엔트로피(entropy)'라고 부른다. 엔트로피는 물질이 변형되어 다시 원래의 상태로 환원될 수 없게 되는 현상으로 더 이상 사용할 수 없게 된 에너지를 말한다. 다른

생겨난 업력(엔트로피 증가)은 보존된다.

ex) 비행기 ->연료소모 ->비행목적 달성(엔트로피 감소 행
위) + 엔트로피 증가
↓
즉, 비행기가 공기를 밀어냄40) ->바람을 일으킴 ->법계
(우주)에 전달되어 보존됨 ->어느 순간 이것이 또 다시
에너지가 됨(성질·형태가 다를수도 같을수도 있다)

ex) 밥 먹고 뜀 ->뛰는 목적 달성(엔트로피 감소 행위)
+ 엔트로피 증가
↓
즉, 열 발생 ->법계(우주)에 전달되어 보존됨
또는, 지구진동 ->우주진동=>무언가 발생됨 ->그것이 또
다른 것을 만듦(성질·형태가 다를수도 같을수도 있다)
⇒무한 사이클

==>여래장41)을 구성하는 두가지 문 중 쓸모있는 진여문(眞如
門)42)의 선한마음을 엔트로피 감소, 쓸모없다고 생각하는 생

말로 '무질서도' 또는 '무효에너지'라고도 한다. 이처럼 인간이 자
연에서 얻는 에너지는 언제나 물질계의 엔트로피가 증가하는 방
향으로 일어나는데, 이를 '엔트로피 증가의 법칙'이라고 한다.

40) 연료의 무효에너지화

41) 여래장(如來藏:tathagata-garbha)은 '본래부터 중생의 마음속
에 내재되어 있는 여래의 청정한 성품'을 말한다. 여래장은 번뇌
속에 있어도 번뇌에 더럽혀지지 않고, 절대 청정하여 영원히 변함
없는 깨달음의 본성이다.

42) 진여문(眞如門)이란 불교에서 궁극적 진리, 만물의 본체를 뜻
하는 말로, 존재 그대로의 변하지 않는 진실한 모습, 곧 생기지도

멸문(生滅門)43)의 악한마음을 엔트로피증가(이것이 무엇을 만들 것인가?)라고 볼 수 있을까?

(체상용(體相用)삼대44)45) = 여래장 = 엔트로피 감소) >

없어지지도 않는 근본 마음 자체를 말한다.

43) 생멸문(生滅門)이란 "생겨났다 사라졌다."를 반복하는 것, 곧 중생심이다.

44) ①체상용 삼대(三大)

ⓐ체(體): 근원적 진리 -->법신(法身)

ⓑ상(相): 진리가 눈에 보이는 것으로 나타난 모양 -->보신(報身)

ⓒ용(用): 체가 모양을 통하여, 혹은 물체를 이용하여 작용하는 것 -->화신(化身)

②원효의 '기신론'에서는, 체(體)를 중생의 평등한 본성 그 자체로, 상(相)을 그 본성에 갖추어져 있는 무한한 능력으로, 용(用)을 그 본성이 중생에게 모든 선(善)을 닦게 하여 청정한 과보를 받게 하는 작용이라고 보고 있다.

45) 원효는 <대승기신론소>에서 대승의 유일한 법(法)으로써 일심(一心)을 세우고 일심이문삼대(一心二門三大)의 사상을 추구하였다.

일심에 진여문(眞如門)과 생멸문(生滅門), 체상용(體相用)이 있다고 본 것이다.

일심은 여래의 마음인 동시에 중생심의 근원이다. 일심은 일체법을 포섭하기 때문에 일체법의 본바탕이다. 일심을 체득하면 법신(法身)이요, 일체 경계가 일심임을 미혹한 그 마음을 무명(無明)이라고 부른다.

일심은 본래 적정한 본성인 진여(眞如)와 만법으로 생겨난 현상계인 생멸(生滅)의 두 측면이 있다.

진여(眞如)는 무생무멸(無生無滅)이며 본래 적정한 마음의 근원이며, 만물의 본성이다.

생멸(生滅)이란 생주이멸(生住異滅)하는 일체 현상계 및 마음의 작용이다.

생멸은 진망(眞妄)이 화합된 여래장(如來藏)이며, 염정(染淨)을 포함한 일체 현상의 제법이다.

생멸하는 가운데서도 진여로부터 솟아난 지혜로써 무량한 공덕(功德)을 쌓고 업용(業用)을 일으킨다. 이것은 일체경계가 일심임을 증득한 지혜로 쌓은 여래장 성공덕상(如來藏 性功德相)이며 여래의 대자비심이다. 일심을 미혹하면 망심으로 죄업을 짓고, 육도에 유전하며 고통을 받는다. 이것이 범부의 생멸현상인 염상(染相)이다.

생멸문에서 무량한 공덕과 부사의한 업용을 일으킨다는 것은, 도(道)란 본래 적정한 마음에 있는 것이 아니라 일체 경계가 일심임을 깨달아 생사의 바다에서 드러내는 구제의 작용이며 대자비의 활동임을 말하는 것이다. 여래장의 활동으로 공덕상과 업용을 드러내는 이것이 진정한 도(道)이다.

진여만을 말하면 본체이므로 체대(體大)라 한다. 진심(眞心)을 일으켜 중생에게 이익 되도록 무량한 공덕상(功德相)을 보이면 이를 상대(相大)라고 한다. 무량한 공덕상을 드러내 보신불(報身佛)로써 출현한다. 중생을 위해 부사의한 업용을 보이는 것을 용대(用大)라고 한다. 용대는 응화신(應化身)으로 출현한다. 이것이 일심의 삼대(三大)이다.

생멸하는 현상계는 진여(體大)를 바탕으로 일어나지만 진여는 드러나지 않기 때문에 생멸문에는 상대와 용대만 작용한다. 이것은 여래의 본성이 숨어 있기 때문인데 이러한 이치를 여래장(如來藏)이라 한다. 중생은 여래의 지혜안에 있고(所藏), 중생심 가운데 여래가 있다(能藏). 비록 일심을 미혹하여 드러내지 못하고 있으나 언젠가는 부사의한 작용을 드러낸다(能生). 무량한 공덕과 부사의한 업용은 모두 일심의 지혜로써 드러나는 작용이다.

<항상함이 없는데 에너지보존법칙, 업력보존법칙, 법계무한동력이 어떻게 가능한가?

: 근원법계자체는 불생멸, 부증감, 불구부정~. 그런데 근원법계가 일으킨 무명으로 생겨난 중생법계(우주)는 폐쇄계로, 중생(일체존재)은 개방계로 보면, 에너지보존법칙· 업력보존법칙이 적용된다. 이들 에너지나 업력 등은 특성·형상이 다를 뿐 다른 형태로 변화되어 보존 되어 있다. 그리고 이들은 근원법계가 일으킨 무명에서 비롯된 중생법계가 다시 일으킨 무명을 소멸하고 되돌아가, 처음의 근원법계가 일으킨 무명을 소멸하고 순수근원법계로 돌아갈 때까지, 삼세법계(삼세우주)를 움직이는 법계무한동력이 된다. >

<<엔트로피(entropy) 감소의 의미>

엔트로피 증가 -->비가역적 현상
: 한 번 일어나면 다시 돌이킬 수 없는 현상을 비가역(非可逆) 과정이라 한다.
예컨대 쓸모있는 에너지 100에서 30이 사용되고 70은 버려진다면, 버려지는 70은 비가역적이다. 곧 농축된 향수가 방 안에 퍼지게 되는 과정과 같이 쓸모있는 에너지가 쓸 수 없는 에너지로 변하면서 엔트로피는 증가한다.
외부와 물질과 에너지의 교류가 없는 폐쇄계(closed system)에서는 특별한 장치를 통해 외부에서 에너지를 가하지 않는 한, 자연계의 모든 현상은 엔트로피가 증가하는 방향으로 항상 진행한다. 따라서 이 우주를 외부가 없는 폐쇄계로 본다면 엔트로피는 증가할 수밖에 없다.
즉, 빅뱅 이론에 의하면 태초의 아주 작은 응집체는 엔트로피가

거의 0에 가까운 상태에서, 대폭발(빅뱅)이 일어나고 나서는 계속적으로 엔트로피는 증가하고 있는 중이다. 그러면 엔트로피가 계속 증가한다면 궁극적으로 우주의 운명은 어떻게 되는 걸까?

엔트로피는 거의 무한이면서 태초의 아주 작은 응집체가 가졌던 에너지가 우주 전체에 골고루 퍼진 형태로 된다. 그 상태가 바로 우주의 '열적죽음' 상태이다.

열역학 법칙(에너지 보존의 법칙과 엔트로피의 법칙)은 폐쇄계인 우주에서는 성립하지만, 개방계(open system)인 생물체에 대해서는 성립하지 않는다.

생물체는 외부로부터 음식, 즉 물질과 에너지를 받아들이고 행(行)을 일으키면서, 다시 폐기물(:業), 즉 물질과 에너지를 외부로 내 보내는 전형적인 개방계이다.(삼세업의 유추가 가능)

따라서 생물체가 성장하기(엔트로피가 낮아지기) 위해서는, 주위에 더 높은 엔트로피의 증가(=業)를 가져오게 된다. 특히 인간은 인위적으로 엔트로피 증가를 가속시킬 수 있다.

그 단적인 예가 인간의 문명으로, 문명을 이루고 이를 유지하기 위하여 더 많은 엔트로피를 증가 시킨다(ex: 환경오염, 인구증가, 범죄 등).

인간 사회도 외부로부터 물질과 에너지를 받아들이고 행을 일으키면서, 폐기물을 내 보내는 생물체와 매우 흡사한 계라고 볼 수 있다.[46]

---

46) 에어컨(Air conditioner)의 비유; 폐쇄계인 공간을 안과 밖으로 나누어 에어컨을 작동하면, 안쪽은 시원하게 되지만 바깥쪽은 열의 배출로 점점 더워지게 된다. 그러나 밖으로 배출되는 열의 저장량이 무한할 수는 없으므로, 어느 순간 한계점에서 경계가 붕괴되고 안과 밖의 열적 온도는 같아지게 된다. 이와 같은 예에서 보듯이 불교는 내적인 번뇌의 불이, 나는 물론 나로 인해 외부세계를 어떻게 변화시키는가를 이해하고, 어떤 방법으로 번뇌의 불을 꺼야, 나와 중생과 세계가 모두 열반으로 갈수 있는가를 찾는

모든 물질은 엔트로피가 증가하는 방향, 즉 무질서도가 증가하는 방향으로 향한다. 무질서도가 증가한다는 것은 에너지의 평준화를 의미한다.

즉, 자연은 과밀한 에너지 집중을 그냥두지 않고 어떠한 형태로든 평준화하려고 한다. 따라서 모든 물질은 노화되어 사라져가게 된다. 그런데 이를 역행하는 몇 가지가 있기도 하다.

ⓐ새로운 생명의 잉태

ⓑ자연재해-->에너지의 과잉을 자연 스스로가 정화하는 정화작용.

ⓒ인간들의 전쟁-->과한 부의 축적을 소멸시키고 과도한 인구 수를 줄이는 자연적 정화작용으로, 이러한 정화작용들은 엔트로피를 감소시키는 작용이다.

이렇게 엔트로피 개념을 통해 우주의 에너지는 서로 통하여 밀접한 관계를 맺고 있다는 사실을 알 수 있다. 불교적으로는 엔트로피의 증감의 법칙과 폐쇄계와 개방계와의 관계 사이에서 삼세업설이나 윤회의 원리를 고찰하여 볼 수가 있다. >

_____

것을 목적으로 하는 종교라고 할 수 있다.

9. 죽음의 문제, 삶의 가치의 문제

①십이연기(十二緣起)

　ⓐ유전문(流轉門: 무명～>노사) : 순관(順觀)

　　--깨달음의 내용(현실세계의 원인)에 입각해서 생사(현실세계)의 발생 과정을 밝힘.

　ⓑ환멸문(還滅門: 노사～>무명) : 역관(逆觀)

　　--현실(생사의 문제)의 관찰로부터 시작해서 그 원인을 파악.

②십이연기는 인간의 죽음은 절대적인 것이 아니라(신· 운명· 우연이 아니라), 진리(明: 밝힘)에 대한 자신의 무지(무명, 망아(妄我)) 에서 연기한 것임을 보여준다.

< 물음) 그렇다면 보편적 죽음으로서의 노사(老死: 인간은 반드시 죽는다)는 누구에게나 동일성을 지녀야 하는데, 일반적인 노사에서 수명의 차이, 죽음의 다양성(병사, 사고사 등) 등의 죽음의 차이는 왜 일어나는가?

sol-1) 실재성이 없는 무명에 의해, '而有而無 非有非無'에서 '有'만을 분별한 '生'(착각·망념으로 만들어진 妄我의 生)이 생겨난다. 이러한 '착각으로 생겨난 生'이, 業을 작용하여 報가 나타난다.

즉, 생이 있게 된 존재가 생을 유지하기 위해 작용(삼세의 행-업인)을 함으로써, 작용의 차이(ex:작동 방법· 행태에 따른 부품의 상태·피로도가 다름)에 따라 결과(과보)의 차이(ex:고장·망가짐·파괴의 정도)가 생겨난다.

sol-2) 업식과 육신은 처음부터 동시에 일체성을 가지고 합하여져서 소위 '나의 몸'을 형성하는 것이 아니다.

즉, 무명으로 인해 처음에 갖게 되는 육신은 원칙적으로 누구나 동일하다. 다만 육신을 갖기 이전의 업식의 과보나, 또는 육신을 갖게 된 이후에 육신을 유지하려는 업식의 작용에 의해 육신의 형태나 구조가 바뀔 뿐이다.

비유한다면 공장에서 만들어져 나오는 자동차는 원칙적으로 똑같을 것이다. 그런데 만들어지기 전에 생산자의 실수나 생산환경의 결함, 또는 운전자에게 자동차가 인도 되고 나서 운전자의 운전습관이나 관리행동에 의해 똑같은 자동차라도 달라지게 되는 것과 같다.47)

이와 같이 소위 업력끌림법칙에 의해 나쁜업은 나쁜업끼리, 좋은업은 좋은업끼리 끼리끼리48) 모인다.

---

47) 자동차는 차 자체가 목적이 아니라, 갈 곳이 목적이 되어야한다. 잘 사용하고 더 이상 못쓰게 되었을 때 버리면 된다. 그러나 차를 잘 관리하면서 타게 되면 오래 안전하게 사용해서 돈을 잘 벌어 다음에는 더 좋은 차를 살 수 있게 되는 것이고, 차를 잘못 관리하면서 타게 되면 사고로 남을 해치거나, 자신을 해쳐 죽거나 장애인이 됨은 물론, 재산을 탕진하고 망해서 다음에는 더 이상 차를 못 사게 되는 것이다. 인생의 삶도 그와 같아서, '나'를 잘 관리하면 더 좋은 상태로 윤회하는 것이고, '나'를 잘못 관리하면 지옥·아귀·축생의 상태로 윤회하는 것이다. 여기서 관리란 건강·근육관리가 아니라, '유아의 나'를 '무아의 나'로 만들어가는 것을 말하며, 윤회도 죽은후의 다음생만을 지칭하는 것이 아니라, 현생의 미래시간을 가리키는 것이 더 정확하다.

48) 현실의 삶속에서 끼리끼리법칙에는 세가지가 있는데, 하나는 똑같은 수준끼리 만나는 것이고, 둘은 보문품의 관세음보살처럼 제도할 상대의 모습으로 나타나는 것이니, 서로가 서로를 제도하기 위함인 것이고, 셋은 비유하면, 어른과 세살아이를 싸움 붙이면 상대가 안되니 싸움이 일어나지 않아야 하는데 싸움이 나는 까닭은, 어른이 상대를 하기 때문으로, 수준이 높아도 수준이 낮

즉, 업식은 끼리끼리라는 선택성으로 육도를 윤회하는 성질을 지니고 있어서, 육신과 마음안에 자리한 육도[49]를 골라 들어가서 그것을 활성화 한다.

따라서 나쁜업은 나쁜 병소인을 찾아들어가서 활성화 하여 육신의 병을 발생시키고, 좋은업은 좋은 건강인을 찾아들어가서 활력을 발생시켜 육신을 건강하고 아름답게 한다.

ex) 폐병, 암 유전 ->업식+육신 =>나쁜업식이 육신을 재구성,
　　　　　　　　　　　　　　　　암의 병소를 일으킨다.
　　~선하게 살았는데 병 ->삼세의 업인과보를 인정하지 않을

은 대상과 상대를 하고 있다면, 마치 지식은 많으나 지혜가 부족하여 올바르지 않은 것과 같다.

이렇듯 현실속에서 많은 이들이 상황들에 지혜롭지 못하게 상대를 하면서 어리석게 행동하고 있는 것이다.

그러나 분명한것은 이세상은 나의 공부를 하기 위해 왔으니, 모든 것이 다 나 자신을 비추는 거울이어서 모두가 다 내 공부의 재료들이므로, 나의 공덕의 그릇을 크게 만들어 모두 담을수 있어서, 무엇이든 될 수 있는 훌륭한 나, 좋은 인연의 씨앗을 만들어 가면 될것이다.

49) 천상·인간·수라·지옥·아귀·축생의 육도(六道)는 비유적으로 표현되는 외부의 계(界)가 아닌, 업식이 작용하여 만들어내는 내부적인 계로 보는 것이 타당하다. 즉, 천·인·수라·지옥·아귀·축생의 세계가 따로 있는 것이 아니라 스스로 만들어 내는 것으로, 천·인·수라·지옥·아귀·축생의 업(業)속에 살면 바로 그것으로 사는 것이다. 소· 돼지· 개· 고양이만이 축생이 아니다. 축생의 짓을 하면 축생인 것이다. 그리고 축생인 소· 돼지· 개· 고양이는 소· 돼지· 개· 고양이 짓만 하지만, 인간은 오만가지 짓을 하기 때문에 부처에서 육도까지가 가능한 존재임을 알아야 한다. 무엇이 되어 어떻게 살 것인가?

수 없다.

ex) 사고(사고로 인한 상해나 사망) ->개인의 업식 + 공업(共業: 인간, 환경 등 모든 인과적 요소)[50]

==>인간의 육신과 마음 ->선악과 희로애락, 우비고뇌의 변화무쌍함을 일으킬 다중적 요인을 가지고 있다.[51] >

---

[50] 체인(chain)이론; 체인의 첫마디에 작용한 힘은, 중간 체인들을 통해서 체인의 끝마디에서 행위를 일으키게 된다. 공업(共業)도 이와 같아서, 예컨대 서울에 있는 사람과 부산에서 발생한 사건과는 아무런 관계도 없을 것 같지만, 체인의 연결작용처럼 그 인과가 어떤 형태로든 연결되어 있는 것이다. 그러므로 인간 하나 하나의 바른 '인+연'을 만들어가는 것이 중요하다.

[51] "至心歸依 念念發願 增長見識 智慧明哲 饒益衆生"에 내재한 끼리끼리 법칙의 의미: 나의 수준에 따라 사람도 일도 환경도 맞춰서 따라 오는 것이니, 내 수준이 고만밖에 못하면 고만한 것들만 주위에 가득한 것이고, 내수준이 높아질수록 질 낮은 것들은 떨어져 나가고 높은 수준의 것들이 주위에 가득할 것이다.

어려움이 없어짐도 같은 이치이다. 그러므로 지식은 물론 주위의 모든 것들이 다 나를 공부시켜주는 것들이니, 항상 발원을 앞세우고 나 자신의 공부를 끊임없이 노력해가면 공부한 지식들이 밝은 지혜로 바뀌어 질 것이니, 비로소 먼저 나를 넉넉하게 이롭게 하여 요익하면(비유를 든 아궁이 앞의 부지깽이 어미의 '나는 많이 먹었다'가 되어서는 안된다), 저절로 주위도 넉넉하게 이롭게 하여 요익할 수 있게 되는 것이다. 나의 공덕의 그릇을 크게 만들어 가기 위해 발원하여 증장견식해가는 바른 기도를 실천하면, 반드시 나를 요익하고 많은 사람들을 요익할 수 있는 훌륭한 존재가 되어갈 것이다.

③역설적으로 연기는 인간에게 생사의 괴로움이 있게 된 근본원
인이라고 볼 수도 있지만, 최상의 '인+연'을 만들어내는 과정을
통해서 괴로움의 근본원인을 없앨 수 있는 기회이기도 하다.

10. 무명(無明)52) – 행(行)

①행은 언젠가는 무상.
왜냐하면 가변의 객체(실재성이 없는 것)를 불변의 주체(실재성
이 있는 것)로 형성하려는 작용이므로 힘이 들고(苦가 발생), 이
힘의 한계를 넘으면 감당할 수 없기 때문이다.
이럴 때 '蘊'은 파괴되는데, 이것이 십이연기 최후지분인 죽음이
다.
온의 파괴는 행(行)에 의해 억제되고 있던 법의 가변성이 변화를
수행한 것이라고 할 수 있다.
이렇게 변화를 수행하는 순간 달라진 법위에 새로운 무명이 놓
인다.
무아실천에 의해 나를 없애지 않는 한, 온의 상속(무아 윤회설
 ->생사윤회의 모습)은 계속된다.

②무명(불변 주체라 착각) ->행(착각한 주체를 유지하려함) ->
괴로움 발생(힘에 겨워 생김) ->업(활동, 괴로움을 덜기위해 악
업·선업) -> 과보가 따름(삼세(三世))

---

52) 우 냐나(U ñana: 미얀마僧) 著, 「Dhamma:붓다의 가르침,
2010. 아리야삿짜(Ariya-sacca), 지혜롭고 바른 사람이 되기 위한
진리(聖諦)」. 우 냐나(U ñana)는 무명은 번뇌를 이기지 못하고
지나친 행위를 저지르는 것이라고 주장.

<<깔라빠(kalāpa: 물질의 무리)>

: 아비담마논장에서는 물질은 사대(四大:지수화풍)와 색(色:rūpa)·
냄새(gandha)·맛(rasa)·영양소(ojā)의 8가지 원소의 구성으로 만들
어진 것으로 보고, 이 8가지를 깔라빠(kalāpa: 물질의 무리)를 이
루는 최소의 구성요소로, 더 이상 분리할 수 없는 것이라는 뜻인
'아위닙보가(avinibbhoga)'라는 용어로 표현하고 있다. 이들은 항
상 서로 묶여서 가장 단순한 형태에서부터 아주 복잡한 것에 이
르기까지 모든 물질적인 대상에 현현해 있다.

따라서 모든 깔라빠는 이들 8가지를 기본으로 하고, 그 깔라빠의
특성에 따라 다른 물질을 더 가지고 있다. 즉, 여기에다 다른 하
나가 더 붙으면 9원소가 되고 다시 하나가 더 붙으면 10원소가
되는 것이다.

그래서 생명의 9원소는 8가지 요소인 아위닙보가에다 '생명기능
(命根, jīvitindriya)'이라는 물질이 하나 더 붙어서 9원소가 된다.
이와 같은 9원소가 모여서 무더기를 이룬 것이 우리 몸을 구성
하는 깔라빠이다.

그러므로 깔라빠를 관찰하거나 명상한다함은, 이러한 물질을 개념
으로 파악하는 잘못을 떨쳐내고, 지·수·화·풍·물질·냄새·맛·영양소
등의 적집(積集), 곧 법의 조합으로 본다는 것이다.

자신의 몸을 깔라빠로 보지 못하면 그것은 아무리 깊은 수행일지
라도 개념을 대상으로 하는 사마타거나, 아니면 다른 망상에 빠져
그것을 수행이라 여기는 것이다. >

11. 우주생성

 1) 불교의 업설에서 업보의 인과율로는 해명되지 않는 현상이 나타나는데, 예컨대 악하게 사는데 잘살고 선하게 사는데 못사는 경우이다.

이런 현상을 유신론자는 신의 뜻에서, 운명론자는 운명에서, 우연론자는 우연에서 그 원인을 찾는다.

그런데 그들의 견해에 의하면, 이 세계에서 일어나는 현상에는 인간의 업인에 의한 것과, 그렇지 않은 원인(신·운명·우연)에 의한 것의 두 가지 현상이 있게 된다. 그렇다고 한다면 어디까지가 인간이 한일이고 해야 할 일인가가 모호하다. 또 만일 모든 현상의 원인이 신·운명·우연에서 온다면, 인간에게 자유의지·욕심·노력 등의 주체성이 있을 이유가 설명되지 않는다.[53]

<주체성을 지닌 것도 신의 뜻이라고 한다면, 이미 주체성을 갖게 된 인간은 더 이상 신에 종속된 존재가 아니라 신 바로 그 자체일 것이다. 그런데 만일 주체성을 지니고도 신에 여전히 종속된 존재라면, 그 주체성도 결국 신에 종속된 것이므로, 인간은 태어날 때부터 어떤 선택권도 없으며, 선업도 악업도 신에 종속된 주체성을 지닌 인간이 저지르는 것이 아니라, 오로지 신의 뜻에 의한 것일 것이다. 신의 할 일이 따로 있고 인간의 할 일이 따로 있도록 창조되었다고 말하는 것도 매우 궁색하다. 마찬가지로 과거에 지은 바에 의해 일어난다고 하면, 선업은 물론 악업도 그 때문에 짓는다고 해야 한다. 또 모든 것이 아무런 원인 없이 일어난다고 하면, 선업도 악업도 이유 없이 일어난다고 해야 한다. 거기에 인간의 의지나 노력은 필요 없는 것이다.

이것은 믿음에 있어 옳고 그르냐의 문제가 아니라, 믿음을 진실로 이해하느냐 아니냐의 문제로, 맹목적 믿음과 절대적 믿음을 구분

---

53) 중아함경 3권 13 '度經'

하는 바른 견해이다. >

 2) 그러나 그러한 견해들과는 달리 삼세업보설로 전개된 불교의
업설은, 현세의 인과율의 모순은 물론, 다른 우주론이 설명하지
못하는 그런 현상들을 합리적으로 분명하게 설명할 수가 있다.

 ①우주
  : 삼세에 걸친 업인과보에 의해 우주도 생성.[54]
   현재의 우주가(과보가) 인식되고 있지만, 그 업인, 즉 생성의
   원인이 발견되지 않는다면 업인이 시간적으로 현실세계(현세)
   이전에 있었다고 볼 수밖에 없다.

 ②존재(=인간)
  : 업인은 현재 인식되고 있지만(악하게 사는데) 그 과보가 발견

---

[54] ①『大方廣佛華嚴經』世界成就品第四, 大正藏10, 35a25~35a28.
"諸佛子 略說以十種因緣故 一切世界海 已成現成當成 何者爲十 所
謂如來神力故 法應如是故 一切衆生行業故... 모든 불자들이여! 간
략히 말하면 열 가지 인연으로 말미암아 일체세계의 바다가 이미
이루어졌고, 지금 이루어지며, 앞으로도 이루어질 것이다. 무엇을
열 가지라 하는가. 이른바 여래의 위신력인 연고며, 법이 응당 이
와 같은 연고며, 일체중생의 행과 업인 연고며..."
②현우주는 전우주의 과보로써, 현우주의 질과 수준은 과거우주의
 질과 수준에 따른다.
③법계의 이치와 중생행업
 :나의 행위업력은 빛과 같이, 시간이 지나도 이 우주세계에서 없
 어지지 않는다. 그리고 그렇게 있는 업력이 현우주가 성주괴공
 (成住壞空)하여 다음우주를 만들 때 근원에너지가 된다. 그러니
 중생의 업력, 즉 나의 질과 수준이 다음우주의 질과 수준을 결정
 한다.

되지 않는다는 경우(잘산다), 과보가 그 이후에 있을 것이라고 볼 수밖에 없다.

< 우 냐나(U ñana)[55]의 주장): 도둑질을 하는데 과보가 나타나지 않고 잘산다.

: 과보가 내생(앞으로 남은 생의 시간 + 다음생)에 나타나는 것이 아니라, 도둑질한 바로 그 순간 도둑놈이라는 이름이 된 것이 과보다.(잡힌 건 치밀하지 못하고 실수한 탓이다)

그리고 도둑질을 하고 싶어 하는 행업이 남아있어서, 언젠가는 다시 도둑질을 하고픈 충동을 일으키거나 도둑질을 하게 된다. 그렇게 같은 행위를 반복해서 하게 되는 것이 윤회라고 주장.

즉, 삼세(三世)(기존의 잘못된 비유: 도둑질하면 나중에 똑같이 도둑맞음)가 아니라, 지금 생에서 바로 나타난 것이 과보라고 주장. (삼세업설이 아닌 현업(現業)만을 주장)

　　-->현생에서 발생한 인과 한부분만으로 전체인 것처럼 윤회를 보고 있는 듯하다.

물음) 그렇다면 나쁜짓을 하는데 잘사는것(물질적으로든)은 어떻게 보아야 하는가?

　　인과응보, 즉 나쁜짓에 대한 보편타당적인 과보는 없는가?

sol) 과보는 다른 형태로 나타날 수도 있다(도둑질을 하면 자신(도둑놈이라는 이름뿐만 아니라 여러 가지 형태의 과보), 남, 세계...등에 영향).

---

55) 우 냐나(U ñana: 미얀마僧) 著, 「Dhamma:붓다의 가르침, 2010. 아리야삿짜(Ariya-sacca), 지혜롭고 바른 사람이 되기 위한 진리(聖諦)」

또, 우 냐나의 논리로는 우주의 생성이나 현세의 인과율의 모순이 설명되지 않는다.

다시 말해 삼세의 업보란, 도둑질을 하면 내생에 도둑을 맞는다거나 또 도둑이 된다는 개념이 아니라, 식에 그러한 업인이 저장되어 소위 불량품이 됨으로써 법계의 메커니즘에 적합하지 않게 되고, 그 과보로 퇴출(법계에 감응되지 못하므로 사는 것이 물질적이든 정신적이든 힘이 듬), 또는 대기(정품이 될 때까지 육도윤회)된다는 개념이라고 할 수 있다.56) >

③의지를 가진 존재(중생) ->중생의 업을 일으킴.
　　-->선악업에 따라 생사에 윤회하면서 고락의 과보를 받는다.
　　-->우주 또한 그런 모든 중생의 업력에 의해 생성소멸을 되풀이.
　　-->의지, 정신이 물질처럼 우주를 만들어 낸다. ->컴퓨터 프로그래밍과 같다.

<<법계: 법계는 먼지만 할 수도, 무한 할 수도 있다.>
컴퓨터의 칩(chip)을 보라(법계==TV, 스크린, 메모리).
법계는 컴퓨터의 메모리, 하드디스크와 같다(무기물 소재->실리콘· 규소· 알루미늄· 철…등으로 이루어짐).
이 소재에 프로그램(0과 1로 만들어진 명령어 =>이것은 '이유이무 비유비무'의 실재 없으나 실재하는것. 곧 생각· 의식· 망념과 같다)을 입력하면 무한 공간이 생성된다.(그런데 이 공간은 실재하여 있는 것인가? 없는 것인가?)

---

56) 2장 '삼법인과 무아의 나' p.203. 각주193) '공덕(功德)과 복(福), 저축과 이자의 비유'에서 다시 인용하여 설명 하였으니 참조.

만일 컴퓨터를 우주(법계)라 가정하면 이런 의문이 생겨난다. 컴퓨터가 작동되고 프로그램이 실행되어 무한공간이 생겨나는데, 이것을 우주(법계)의 시작이라고 본다면, 그러면 이 컴퓨터의 소재는 어디서 생긴 것이고 프로그래밍은 누가 했나?

sol) 프로그램(인+연) -->우연이 아닌 확률· 경우의 수· 상주하는 법칙성(고전물리학의 결정론적·국소적(보이는)사고가 아닌, 양자역학적 비결정론적·비국소적(보이지 않는) 불확정성의 원리) 등에 의해 생겨날 수 있다고 가정.
여기서 '상주하는 법칙'의 개념은 '국소적 숨은 이론'(결정론적 세계 속에 숨은 인과율->비국소적 개념을 대신할 이론)과는 다른 의미이다.
만일 상주하는 법칙 속에 결정론적·비결정론적 개념이 모두 들어 있다면, 국소적인지 비국소적인지 따질 필요 없이 국소적+비국소적 모두가 가능하다.

그러면 소재는 어디서 생겨났나? -->여래신력, 법계이치, 중생행업(삼세를 가정한다면 설명된다).
즉, 몸(소재)에 의식(프로그램)이 담겨지는 것인데, 여기서 몸이 먼저냐 의식이 먼저냐?(우주가 먼저냐 중생이 먼저냐?) 하는 딜레마는 '이유이무 비유비무'(이것을 다른 방향의 접근으로 생각해보면 --궁극의 '無=空'가 어느 순간 '我=有'라는 생각을 일으킬 때, 생겨난다고 가정한다.
  ==>법계전체 또는 법계일부에서 무명이 발생하여 '이유이무 비유비무'의 물질(존재)이 생겨난다.-- 로 이해한다면 어떤가?)
즉, 근원법계에서 생겨난 무명이 십이연기 하면서 폭발적으로 분열되어 일체존재의 무명을 만들고(빅뱅이론), 다시 일체존재의 무명이 십이연기 하면서 근원법계를 핵으로 하여 중생법계(지금의 우주· 세상)를 만들어간다.(우주팽창이론)57)

그런데 이러한 중생법계는 '이유이무 비유비무의 법계'로, 무아(현
대원자이론을 넘어선 공의 법계)이며 무상한 것이므로 언젠가는
무너져 없어진다(성주괴공).

따라서 다시 근원법계로 돌아가게 되는데, 그러나 무너져 없어진
중생법계의 업인과보가 여전히 남아 있다면, 다시 돌아가게 되는
근원법계는 처음의 순수한 근원법계가 아니라, 스스로 중생법계를
만들어냄으로써 그 업인과보로 인해 형질이 변형된(오염 됨) 법계
이다. 그리고 이 변형된 법계가 중생의 업력으로 새로운 무명을
일으켜 다시 새로운 중생법계를 만들어낸다.(삼세업으로 생성되는

---

57) 현재의 우주물리학에서는 우주의 구성 성분을, 우리 눈에 보
이는 4%(성간물질 3.6%, 은하 등 별 0.4%)의 물질과 23%의 암흑
물질, 그리고 73%의 암흑에너지로 이루어져있다고 보고 있다.
분명하게 알려지지는 않았지만, 암흑물질은 끌어당기는 힘의 중력
작용이고, 암흑에너지(dark energy)는 우주를 가속 팽창 시키는
역할을 하는 밀어내는 힘(척력)이다.
그런데 우주 안에 있는 모든 물질들은 중력을 가지고 있기 때문
에, 우주가 가속팽창하기 위해서는 물질간에 작용하는 중력에너지
보다 큰 에너지가 필요하게 된다. 만일 그런 큰 에너지가 없다면
우주 자체가 물질들의 중력에 의해 수축해야 한다.
그러나 현재 우주는 우주 안에서 물질들이 끊임없이 새로 만들어
지고 있음에도 불구하고 계속 팽창하고 있으며, 나아가 그 팽창속
도가 더 빨라지고 있는 것으로 관찰된다. 이것은 우주 안에 있는
물질들의 중력을 모두 합친 것보다 더 큰 어떤 힘이 우주를 팽창
시키고 있음을 의미한다. 이 힘을 암흑에너지라고 하며, 아직 그
실상을 알 수 없기 때문에 '암흑'이라는 명칭을 붙여 부르고 있다.
불교적으로 생각해보면, 암흑에너지는 우주를 팽창시키는 동력원,
즉 업력으로 유추해 볼 수 있다. 또 우주빅뱅이론에서의 한점에서
의 우주폭발이라는 개념보다는, 세포처럼 분열한 것, 곧 무명이
분열하고 있는 것으로 생각 할 수도 있을 것이다.

법계 -->이전의 법계와 동일하지 않지만 불가분의 관계이다).

여기서, 그렇다면 근원법계는 무엇이냐? 그것은 어디서 시작되었는가? 하는 의문은 가질 필요가 없다. 한마디로 십사무기인 까닭이다.

중생에게 지금 필요한 것은 근원법계의 해명을 위한 접근이 아니라, 중생법계를 어떻게 해결할 것인가의 문제이다. 그것은 중생은 근원법계 스스로가 만들어낸 이유이무비유비무의 존재로, 본질적으로 근원법계 그 자체이기 때문이다.(우주법계는 그대로 중생이므로 소법계인 중생, 곧 인간의 문제를 해결하면 근원법계에 대한 본질적 의문은 저절로 해결 되는 것이다. ->부처가 되면 저절로 해답을 알게 된다. 곧 부처란, 근원법계가 일으킨 무명에서 시작된 일체존재가 무명을 멸하고, 본래 그 자체인 처음의 순수근원법계가 된 상태이다.)[58]

---

58) Ken Wilber의 저서 'The Spectrum of Consciousness',나 'No Boundary'의 전개도 이러한 추론을 바탕으로 하는것 같다.

*경계에 있어서 기묘한 것은 그 경계가 아무리 복잡하고 세련된 것일지라도, 실제로는 안쪽과 바깥쪽 이외에 달리 구분 짓는 것이 없다는 것이다. 문제는 우리가 언제나 경계를 실재하는 것으로 받아들이고, 경계에 의해 만들어진 대립을 다루려고 한다는 데 있다. 대립을 만들어 낸 것은 경계선 자체이다. 안팎의 대립은 우리가 경계를 그리기 전까지는 스스로 존재하지 않았다. 경계는 실제의 산물이 아니라 우리가 실재를 작도하고 편집한 방식의 산물, 즉 환상이다. 따라서 영토를 지도화 하는 것은 괜찮은 일이지만, 그 둘을 혼동하는 것은 치명적인 오류이다.

*모든 실재의 궁극적인 재료인 '원자적 사물'의 위치를 설정할 수 없었던 것은 한 마디로 그것이 경계를 갖고 있지 않았기 때문이다.

*현실세계가 단지 우리의 상상의 산물(주관적 유심론)이라고 말하는 것이 아니다. 다만 경계가 상상의 산물이라는 말이다. 불교에

<하나 더 -> 파장이나 전기적 형태 등으로 공간속을 떠도는 수
많은 정보와 신호들은, 인간의 오감만으로는 보고 듣고 잡을 수
없는 것이지만 그렇다고 존재하지 않는 것이 아니다.
예컨대, 컴퓨터를 사용하여 무선으로 인터넷에 접속하게 되면, 공
간속에 가득하게 있기는 하지만 볼 수 없었던 수많은 정보를 볼

서는 실재는 공이라고 말하는 것은 경계 없음을 의미한다. 모든
실체가 단순히 어디론가 사라져 버리고 뒤에 무라는 순수한 진공,
무분별한 일원론의 혼돈만 남게 된다는 의미가 아니다. 우리들 대
부분은 이 사실을 파악하기 어렵다. 경계들을 마치 삶 자체인 것
처럼 붙잡고 있기 때문이다. 그러나 실재란 무경계라고 하는 통찰
의 진수는 너무나 단순한 것이다.
*무경계 각성: 합일의식이란 진정한 영역에는 경계가 없다는 단순
한 자각이다. 자기와 비자기를 구분 짓는 이 최초의 경계는 너무
나 기본적인 것이라서 다른 모든 경계들은 이 최초의 경계에 의
존해 있다. 당신이 만들어 낸 모든 경계는 자신을 분리된 존재,
즉 자기 대 비자기로 나누는 이 최초의 근원적 경계에 기초해 있
다. 이 경계를 간파하는 것은 모든 경계를 간파하는 것이기도 하
다. 모든 경계와 마찬가지로 최초의 근원적 경계는 다만 하나의
환상일 뿐이다. 최초의 경계를 깨부수려고 애쓰는 것은 신기루 한
가운데 서서 그것을 몰아내려고 사납게 팔을 휘두르는 것과 같다.
*경계의 생성과 전개과정: 근원적 경계가 세워지기 이전에 선행한
것은 아무 것도 없다. 만일 근원적 경계에 어떤 원인이 있었다면,
그 원인 자체가 새로운 근원적 경계일 것이다. 신학적으로 말하
면, 최초의 원인인 어떤 원인을 갖고 있다면, 그것은 최초의 원인
일 수 없을 것이다.(원인이 없는 것=>근원법계. 궁극의 무)
"왜 근원적 경계가 만들어지는가?"라는 질문에 유일하게 가능한
답은, '왜'가 존재하지 않는다는 것이다. 탄생이란 과거를 갖고 있
지 않은 상태이다. 죽음이란 미래를 갖고 있지 않은 상태이다. 탄
생과 죽음은 지금 이 순간에 있어서는 하나이다.

수가 있으며, 그 정보를 물리적으로 실재화하고 사용하는 것도 가능하다.(ex: 문서나 그림, 영상을 받아서 출력하는 것. 프로그램을 받아서 기기를 작동시키는 것 등등)

그렇게 공간속에 형태 없이 존재하는 정보는, 컴퓨터라는 중간자를 매개로 하여 인간의 오감으로 직접 인식할 수 있게 실재화 된다.

따라서 그러한 정보의 개념을 '이유이무 비유비무', 즉 '공'으로 보고, 궁극의 '공'을 어떻게 내 앞에 끌어내어 실재화할 것인가를 생각해 본다면, 컴퓨터라는 중간자는 기도·염불·선법·실천행등이 되는 것이다.

그렇다면 답은 분명하다. 지금 컴퓨터를 마주하고 가장 적절한 방법으로 사용하면 된다. >>

<<*불교적 과학이론들>

①경우의 수(境遇의 數, number of cases)란, 1회의 시행으로 일어날 수 있는 사건의 가짓수를 말하는 것이다.

②확률은 일정한 조건 아래에서 어떤 사건이나 사상(事象)이 일어날 수 있는 가능성의 정도. 또는 그것을 나타내는 수치다.
예컨대 동전을 던져 앞면이 나오거나 뒷면이 나오는 경우는 같은 정도로 기대할 수 있고, 내일은 거의 비가 오지 않을 것이라거나 올 것이라는 등으로 예측하기도 한다.
이렇게 우연하게 생기는 일에 대해 그것이 일어날 가능성의 크기를 나타내는 수치를 확률이라 한다.[59]
수학적으로는 1을 넘을 수 없고 음이 될 수도 없다. 즉, 확률 1은 항상 일어남을 의미하고, 확률 0은 절대로 일어나지 않음을 의미한다.

③불확정성 원리
뉴턴의 발견을 통해 이른바 결정론적 세계관이 확립되어 왔는데, 소위 '코펜하겐 해석'으로 알려진 일련의 과학자들 보어·하이젠베르크·본 등은, 소립자연구를 통해 인과론적이기 보다는 무작위적인, 따라서 오직 확률적으로만 예측이 가능한 세상이 존재한다는 것을 보여 주었다.
1927년 하이젠베르크가 발견한 이런 원리를 불확정성의 원리라고 하는데, 입자가 가지는 파동과 입자의 이중성, 측정에서의 불확정 관계 따위를 설명하는 양자역학(量子力學)은 불확정성원리[60]에 의

---

59) 명백히 말하면 우연하게 생기는 일이라고 볼 수는 없다. 동전 던지기의 경우에도 손가락 상태, 힘의 강도, 공기저항, 바닥상태 등의 인과가 작용한다.

60) 고정되지 않아 무엇이 될지 모르는 무아적 개념이다.

해 정식화(定式化)되었다.

양자역학은 한 현상을 기술하는 데는 어느 제한된 범위 내에서는, 이것을 입자의 측면에서 보는 동시에 다른 범위 내에서는 이것을 파동의 측면에서 보고 있다.

또 여러 물리적 양을 측정한 결과는 반드시 확정된 값을 가지는 것이 아니며, 서로 다른 여러 값이 각각 정해진 확률을 가지고 얻어진다는 것이다.

이렇게 물질이 파동성과 입자성을 동시에 가지고 있다는 생각은, 고전물리학의 상식적인 파동이나 입자의 개념에 따르는 한, 확실히 모순된다.[61] 그러나 이러한 모순은 거시적 현상을 토대로 하여 추출한 파동이나 입자의 개념을 그대로 극미(極微)세계에 가지고 오기 때문에 일어나는 것이다. 빛을 파동상(波動像)으로 보고, 전자는 입자상(粒子像)으로만 보는 상식적 입장에서는 빛과 전자의 본질을 파악할 수 없다는 것이 양자역학의 입장이다.

양자역학에 따르면 미시적 세계에서는, 입자의 위치와 운동량은 동시에 정확히 결정되지 않고, 위치의 불확정성과 운동량의 불확정성은 반드시 불확정성 원리가 성립하도록 관련되어 있다. 원래 입자의 기본적 특성은 공간 내에서의 위치가 명확히 지정된다는 것이고, 한편 파동을 특징짓는 것은 그 파장, 즉 운동량과 관련된다. 따라서 입자성을 특징짓는 위치의 확정성과 파동성을 특징짓는 파장의 확정성은 서로 제약을 받고 입자성과 파동성이 서로 공존한다는 것을 이 원리는 가리키고 있다.

④EPR 역설(EPR Paradox)

EPR 역설은 물리량의 측정 문제를 제기한 정교한 사고실험이다. 1935년 아인슈타인(Einstein)과 포돌스키(Podolsky) 및 로젠(Rogen)은 양자역학의 코펜하겐 해석을 반박하고, 양자역학이 완전한 물리 이론이 아님을 보이기 위해 이 역설을 발표했으며,

---

61) 불교의 무아적개념에서는 모순이 아닌 당연한 이치이다.

'EPR'은 그들 이름의 머리글자를 딴 것이다.

당시의 아인슈타인은 양자역학을 실재를 묘사하는 완전한 이론으로서 받아들이지 않았으며, 양자론적 측정 결과들에 대해 '신은 주사위를 던지지 않는다'라는 해석을 찾아내기 위해 연구하였다. 여기서 아인슈타인이 말한 신은 기독교적인 신이 아니라, 물리법칙의 추이가 필연성[62]을 갖지 않을 수 없다는 신념을 신이라는 단어를 빌려서 피력한 것이다.

곧 자연법칙에서 인과관계의 추이가 필연성을 갖는다는 신념을 표현한 말로서, 인간이 아직 파악하지 못하고 있을 뿐이지, 이 세상의 모든 변화와 움직임에는 우연이 아닌 나름의 인과율이 작동한다는 말로서, 양자 역학의 확률적인 특성에 대해 수용을 거부한 표현이다. 즉, 자연현상은 확률적인 방법에 의해서가 아니라 엄격한 인과법칙으로 설명되어야 한다는 것이다.

이로써 만들어진 양자역학의 해석방법이 바로 '국소적 숨은 변수 이론'으로, 알지 못하는 '숨어 있는 변수'를 가정하여 양자역학을 해석하는 실재론적인 방법이다.

이것은 양자역학의 주류 해석인 닐스 보어(Niels Bohr)의 코펜하겐 해석의 문제 제기에서 시작하는데, 한마디로 코펜하겐 해석은 물리적 실재론과 인과론적 결정론을 부정하는 것이기 때문이다.

이러한 원인과 결과로 설명되지 않는 확률적인 해석에 대해 아인슈타인은, 우리가 아직 모르는 해결하지 못한 원인에 의해 발생하는 것이라는 '숨어 있는 변수'를 말했지만, 그러나 국소적 숨은 변수 이론은 벨 부등식에 의해서 양자역학에서 주는 결과와 양립할 수 없음이 밝혀졌으며, 아스펙트·그랜지어 그리고 로저의 1982년의 실험에 의해서 양자역학이 맞는다는 것이 실험적으로 증명이 됨으로 해서 부정되었다.

양자역학의 불완전성을 보이기 위해 고안되었으나, 실제 실험 결과는 그들의 목적과는 달리 국소성의 원리가 사실이 아님을 보여

---

62) 인과법이다.

주는 결과였다. 하지만 이는 국소적 실재론이 부정된 것이지 실재론 자체가 부정된 것이 아니며, 비국소적 실재론의 성립 여부는 아직까지 정확히 증명되지 않았다.   >63)

63) ①불교 ->인과율은 반드시 있다. 그리고 삼세업(三世業)을 가정할 때 인과율은 합리적으로 설명 된다.

②무명을 불확정성으로 본다면, 즉 무명은 근원법계가 꾼 꿈이다. 그 꿈은 신·운명·우연이 만든 것이 아니다. 법계 스스로가 무작위적으로 만들어낸 것이다. 왜 만들어졌나?(연구해 보자)

③불확정성(양자) 이론은 현세의 인과율(현세업)의 모순만을 이해하다 보니 추론된 이론이라고 할 수도 있다. 만일 양자이론에서 확률적인 해석 대신에 삼세업을 적용한다면 그 이해가 명확한 것은 물론, 불교적으로는 특별한 이론이라고 할 것도 없게 된다.

④마찬가지로 아인슈타인의 이론에 현세계속에서 가정된 '국소적 숨은 이론' 대신 삼세업을 적용한다면 합리적 설명이 가능하다.

⑤결국 두 이론은 삼세업을 적용한다면 보는 관점의 차이일 뿐 같은 논의를 하고 있는 것이다.

12. 불교의 사상(思想)과 실천행

1) 종교사상->解(이론=信, 곧 절대적 믿음). 불교의 사상(解)은
　　　연기

2) 종교행동->行(실천의 방법)

　　①유일신교 ->절대적 신앙, 기도, 제사 -->신 중심

　　②불교
　　　ⓐ불교에 있어 실천행(=行)들의 목적은 무명을 타파한 세
　　　계, 열반이다.
　　　ⓑ불교의 실천방법
　　　　㉮스스로의 노력(자력)
　　　　㉯염불·발원·선정등이 중심이 되고 궁극적 깨달음에 이
　　　　르러 목적이 실현됨.
　　　　㉰삼십칠조도품: 사념처, 사정단, 사신족, 오근, 오력, 칠
　　　　각지, 팔정도
　　　　㉱십업설(십악업<->십선업): 삼세업보설, 육도윤회설로
　　　　전개
　　　　　->業은 인간의 자유의지에 의한 능동적 행위이며,
　　　　　報는 그에 대한 철저한 책임을 행위자에게 지우고
　　　　　있다.64)

___

64) *부처님의 삼불능(三不能)
①불능면정업중생(不能免定業衆生): 중생의 정해진 업을 면하게
　하지 못한다.
②불능도무연중생(不能度無緣衆生): 인연이 없는 중생은 제도할
　수가 없다.
③불능진중생계(不能盡衆生界): 세간의 중생을 모두 다 제도할 수

->諸惡莫作 衆善奉行 自淨其意[65] 是諸佛教

--->계율은 업설에 입각한 것이다.

--->계정혜를 통한 실천행의 가르침.

->업설과 무아설을 모순으로 보는 견해는, 근원법계

가 없다.

==>삼불능은 자신의 업을 정화할 의지가 없는 중생은 교화하여 제도할 인연이 없으므로 부처님도 관여하지 않으신다는 의미이니, 부처님의 불가능이 아니라 중생들의 불가능을 말하는 것이다.

그런데 이렇게 부처님이 주체일지언정 타자(他者)의 행 없는 업은 소멸하지 못하는데, 어떻게 지장보살은 정해진 업을 소멸할 수 있는가? 멸정업진언(滅定業眞言)은 지장보살이 아닌 내가 주체로서, 내가 지장보살이 되어가면서 업을 소멸하는 것이기 때문이다.

업을 중화시키는 방법의 한가지 비유로, 컵한잔의 물에 독한방울을 타면 마시지 못하지만, 바이칼호수에 한병의 독을 부어도 마실수가 있는 것이니, 그 크기의 차이 때문인 것으로 나의 그릇을 크게 만들어가는 것, 즉 무아로 만들어 가는것이 업을 소멸하는 방법이다.

65) 自淨其意의 의미

①自淨: 나를 바르게(淨)하다 = 무아(無我)

②意: 意는 마음인 心이니, 마음은 각종 마음작용과 업을 쌓고 일으키는 집기(集起)의 작용으로서의 심(心)과, 생각하고 헤아리는 사량(思量)의 작용으로서의 의(意)와, 대상을 인식하는 요별(了別), 즉 앎 또는 분별의 작용으로서의 식(識)으로 구별하나, 계정혜의 삼발이와 같이 서로 다른 것이 아니라 하나를 가리킬 뿐이다.

⇒ 그러므로 自淨其意는 집기하고 사량하고 분별하는 유아(有我)의 나를 바르게 하여 무아로 만들어간다는 의미이다.

가 일으킨 무명에서 비롯된 중생법계를 실재하는
것으로 보고 我와 無我를 구분하기 때문이다.66)
　㉓사제설: 생사괴로움의 근본멸진을 위한 수행.
　　->업설은 선악을 결택(決擇)67)하여 현실의 괴로움을
　　타개 하려는 강력한 실천윤리이다. 그러나 업설은
　　좋은 과보를 만들어 生天하는것이 목적으로 생사
　　윤회를 벗어나지 못한 것이다. 반면 사제팔정도는
　　선악의 근저에 있는 正邪의 결택을 통해 생사의
　　괴로움을 근본적으로 멸진하려는 길이다.

<<四果: 사제팔정도 수행의 네 가지 단계68)>>
①수다원(須陀洹) : 팔리어 소타판나(sotāpanna)를 음사한말로, 예
류(預流) 또는 입류(入流)라고 번역한다. 세 가지 결박의 번뇌(身
見·戒取·疑)69)를 끊고 범속한 생활에서 성스런 흐름에 들어간

---

66) 근원법계에서 파생된 중생법계에서의 무아와 아(업의 작용의 결과)
　의 구분은, 단지 근본적인 차별을 하고 있을 뿐 서로 다른 것이 아니며,
　근원 안에서는 같은 것이다.

67) 결택(決擇: nairvedhika)은 이치를 바르게 판단하여 선택한 것, 즉 이
　치를 바르게 알게 된 것을 의미한다.

68) 잡아함경 29권 796 '사문법사문과경(沙門法沙門果經)', 잡아함
　경 41권 1128 '사과경(四果經)'

69) 증일아함경 16권 24 '고당품(高幢品)'
"이와 같이 들었다. 어느 때 부처님께서는 사위국 기수급고독원
에 계시면서 여러 비구들에게 말씀하셨다. "세 가지 결박이 있어
서 중생을 얽매어 이 언덕에서 저 언덕으로 가지 못하게 한다. 어
떤 것이 세가지인가. 이른바 몸에 대한 그릇된 소견과 계율에 대
한 그릇된 소견과 의심의 결박이니라.
몸에 대한 그릇된 소견이란, 이른바 몸이 곧 '나'라고 헤아려 '나'

라는 생각을 내고, 중생이라는 생각을 가져 '命이 있고, 壽가 있으며 사람이 있고 士夫가 있으며 인연이 있고 집착할 것이 있다'는 것이니, 이것을 일러 몸에 대한 그릇된 소견의 결박이라 하느니라.

의심의 결박이란, 이른바 '나라고 하는 것이 있는가, 나라고 하는 것이 없는가? 生이 있는가, 생이 없는가? 나라고 하는 것 남이라고 하는 것 수명이라고 하는것이 있는가, 나라고 하는 것 남이라고 하는 것 수명이라고 하는 것이 없는가? 부모라고 하는 것이 있는가, 부모라고 하는 것이 없는가? 今生과 後生이 있는가, 금생과 후생이 없는가? 사문과 바라문이 있는가, 사문과 바라문이 없는가? 세상에는 아라한이 있는가, 세상에는 아라한이 없는가? 증득한 이가 있는가, 증득한 이가 없는가?' 라는 것이니 이것을 의심의 결박이라 하느니라.

계율에 대한 그릇된 소견의 결박이란, 이른바 '나는 장차 이 계율로써 큰 족성의 집이나 바라문 집에 나고 혹은 천상이나 여러 신의 세계에 날 것이다.'는 것이니 이것을 일러 계율에 대한 그릇된 소견의 결박이라 하느니라.

비구들이여, 이것이 이른바 '세 가지 결박이 있어서 중생을 얽매어 이 언덕에서 저 언덕으로 가지 못하게 하는 것'이라 하느니라.

마치 두 마리 소가 한 멍에에서 끝내 떠나지 못하는 것처럼 중생들도 그와 같아서 세 가지 결박에 얽매어 이 언덕에서 저 언덕으로 가지 못하느니라.

어떤 것이 이 언덕이며 어떤 것이 저 언덕인가. 이른바 이 언덕이란, 몸에 대한 그릇된 소견이요, 저 언덕이란 이른바 몸에 대한 그릇된 소견이 아주 사라진 것이다.

비구들이여, 이것이 이른바 '세 가지 결박이 중생을 얽매어 이 언덕에서 저 언덕으로 가지 못하게 한다.'는 것이니라.

그러므로 비구들이여, 마땅히 방편을 구해 이 세 가지 결박을 없애도록 하라. 비구들이여, 이와 같이 공부하여야 하느니라."

사람을 가리킨다.

②사다함(斯陀含) : 팔리어 사카다가민(sakadāgāmin)의 음사이며 일래(一來)로 번역된다. 세 가지 결박의 번뇌뿐만 아니라 탐진치(삼독심)의 셋도 약화시켜 이 세상에 한 번 돌아와 괴로움을 다하는 단계이다.

③아나함(阿那含) : 팔리어 안아가민(anāgāmin)의 음사이며 불환(不還) 또는 불래(不來)라고 번역된다. 다섯 가지 결박(五下分結)70)의 번뇌(身見・戒取・疑・貪・瞋)를 끊고 이 세상에 옴이 없이 천상에서 열반에 드는 것을 뜻한다. 죽은 다음 색계나 무색계에 나고 거기에서 아라한의 경지에 이르게 된다. 이는 앞의 두 단계를 얻은 뒤 감각적 욕망과 그릇된 의지를 이겨내면서 얻게 된다.

④아라한(阿羅漢) : 팔리어 아라하뜨(arhat)의 음사로 일체의 번뇌(身見・戒取・疑・貪・瞋・痴)를 끊고 현재의 법에서 그대로 해탈의 경계를 체득하는 사람을 가리킨다. 깨달음에 이른 경지로 예외적인 경우를 제외하고는 남자든 여자든 출가(出家)해야만 도달할수 있는 단계이다. 불교에서 완전해진 사람, 존재의 참 본질에 대한 통찰을 얻어 열반(涅槃) 또는 깨달음에 이른 사람을 일컬으며, 욕망의 사슬에서 벗어나 다시는 생(生)을 받아 태어나지 않는다고 한다. 번뇌라는 도적을 멸한 의미에서 살적(殺賊), 마땅히 공양받을 자격이 있다고 하여 응공(應供), 미혹한 세계에 태어나지 않으므로 불생(不生), 더 배울 것이 없으므로 무학(無學), 악을 멀리 떠났으므로 이악(離惡)이라고 불린다. 특히 응공, 살적, 불생의 세 가지를 아라한의 삼의(三義)라 한다. >

---

70) 하분(下分)이란 욕계(欲界)를 일컫는 말이고, 결(結)이란 번뇌를 말한다.

13. 종교 선택의 어려움

①믿음71)

  ⓐ맹목적 믿음72): 내용이 진리냐 아니냐에 관계없이 절대적 복
                종.
    ->간혹 절망적 상황을 이겨냄.
  ⓑ절대적 믿음: 진정한 종교적 믿음
    ->허망하지 않은 영원한것, 진실한것, 보편적인것.
      -->일단 선택(인연법)되면 전적인 믿음이 필요하다.

---

71) 작금에 불교나 기독교를 믿는다고 하는 많은 사람들이, 우리
절, 우리교회, 우리스님, 우리목사님 등, 실제 그 믿는 대상이 부
처님이나 예수님이 아닌 영험이나 유명을 따라 장소나 사람을 믿
고 있는 경우가 태반이다. 그러나 분명하게 종교는 영험한 장소나
유명한 사람을 보고 믿는 것이 아니라, 진리를 보고 믿는 것이다.
사람들이 하는 것을 보고 그 종교가 진리를 말하고 있다고 해서
는 안된다. 예컨대, 천주교나 개신교에서 장례봉사를 하는 것을
보고 노인들이 개종을 많이 하고 있는데, 그렇게 종교를 바꾸는
것이 잘못되었다는 것이 아니라, 진리를 보고 믿지 않는다는 것이
문제라는 점이다.
72) 모든 배움은 의심하는 것부터 시작된다는 말처럼 의심만이
배움의 자유와 지식의 자유를 가능하게 한다. 하지만 지금의 배움
은 의심 없이 그대로 따라가는 것으로 보인다. 예컨대 극소수가
독재를 유지하기 위해 다수에게 정당화를 세뇌하듯 강령(綱領)을
따르게 하는 것이나, 종교조직을 유지하기위해 맹목적 복종의 신
앙심을 강조하는 것 등이다. 그러나 분명한 것은 과학도 의심이
없이 믿으면 미신이라고 밖에 할 수 없으니, 세상에 확실한건 아
무것도 없으므로, 그런 것을 간파할 수 있는 지혜의 의심을 통해
절대적 믿음을 스스로 만들어내야 한다.

②불교인의 믿음

　ⓐ사불괴정(四不壞淨): 불법승 삼보[73] + 계[74]

---

73) *지혜와 지식

질문) 삼보(三寶)가 무엇인가?

　①지식의 삼보 -->부처님, 가르침, 승단 ~>어린아이의 답

　②지혜의 삼보 -->나, 너, 우리, 모든 존재, 바르게 하는 것

　　　　　　　　~>이것을 보는 것이 수행이다.

　==>질문도 수준이 있어야 질문이 되는 것이고, 답도 수준이 있어야 답이 되는 것이다. 요즘 즉문즉답이 유행하면서, 그를 끌어가는 사람에 따라 여러가지 유형의 추종하는 단체가 만들어지고 있기도 하나, 어느 정도의 차선(次善)은 되겠으나 바람직하지는 않다.

왜 그런가? 예컨대 가감승제의 원리를 묻고 알려주어야지, 산수문제 하나하나마다 답을 묻고 알려주는 어리석은 짓을 질문과 답이라고 할 수는 없는 것이다. 자동차를 비유한다면 자동차의 원리를 묻고 답해야지, 부속품의 명칭이 무엇이냐 하는 따위는 애초에 질문이 될 수가 없는 것이다. 그런 것은 손에 들고 있는 인터넷정보로 묻는 자가 찾아보아라. 그런데 지금 이 사회는 그런 어리석은 질문과 답을 맞다고 개인적인 사고로 규격화하는 오류의 현실 속에 있다. 그것은 하나의 개인적 상황에 일시적 긍정을 가져올지는 몰라도 근본적인 답이 될 수도 없을 뿐이어서, 또다시 형태는 다르지만 근본은 같은 문제를 일으킨다.

74) *재(齋)와 계(戒)

　①포살은 한 달에 두 번 같은 지역의 현전(現前) 승려가 모여 계경(戒經) 읊는 것을 듣고 자기반성을 하며 죄를 고백하고 참회하는 의식으로 산스크리트어의 우파바사타(upavasatha)에서 비롯된 말이다. 팔리어로는 우포사다(uposadha)라고도 하는데, 정주(淨住), 장양(長養), 재(齋), 설계(設戒) 등으로 번역된다.

ⓑ육념(六念): 사불괴정 + 보시(布施)75) +하늘의 과보(생천(生天)76))

따라서 재(齋)란 본래 삼업(三業)을 정재(淨齋)하고 악업을 짓지 않는 것을 의미하는 것으로, 계율로서 청정한 몸과 마음을 만들고, 여러 부처님과 보살님께 그렇게 청정하게 된 나자신을 공양 올리는 것을 의미한다. 궁극적으로는 불보살의 의미를 새기고 서원의 마음을 기르며 나도 그들처럼 되고자 공덕의 그릇을 키우며, 그러한 나를 부처님과 법계와 일체중생에게 공양회향하는 것을 의미한다.

②계(戒)는 마음을 맑게 하고, 정(定)은 마음을 고요히 하며, 혜(慧)는 마음을 밝게 하는 세 가지 요체(要諦)로써 삼학(三學)이라 한다. 오계는 不殺-자비, 不偸-복덕, 不淫-청정, 不妄語-진실, 不飮酒-지혜를 의미한다.

75) ①보시(布施): 널리 펼치다.
　　②공양(供養: pūjanā): 존경하여 가르침을 따르다.
　　　ⓐ이종공양(二種供養)
　　　　㉮이(利)공양: 재물(財物)·음식· 향화 등을 공양
　　　　㉯법(法)공양: 교설(敎說)과 같이 수행하여 중생에 이익을 줌
　　　ⓑ삼종공양
　　　　㉮이(利)공양
　　　　㉯경(敬)공양: 찬탄·공경
　　　　㉰행(行)공양: 수행
76) 하늘(극락)에 태어나 즐거움을 누리는 것이 목적이라고 표현되지만, 불교적으로는 생천은 목적이 될 수가 없다. 즐거움만 있는 곳에서 수행의 공덕이 없이 즐거움을 누리다 업이 다하면 윤회하므로, 불보살로 나아가기가 어려운 때문이다.

->의심을 끊고(화두. 경전-대승경전. 염불칭송) ==절대적 믿음
　--신에 대한 믿음이 아닌 법에 대한 믿음(부처의 교법을 수
　　행)
　--감동·기분 따라 믿지 말라-->변하는 것
　--가르침에 따라 믿어라-->변하지 않는것
　--오래 다닌것이 중요치 않다-->내안에 어떤 믿음이 있는가

->불교에 있어서의 믿음은 인간은 누구나 절대적 진리를 깨달을
　수 있다는 것이다.
　따라서 열반과 열반에 이르는 길은 분명히 있고, 그것을 부처
　는 가르쳐 주지만 가고 안가고는 각자의 몫이다.77)

->불교에 대한 믿음을 통해 병이 다 낫는가?
　낫는 자도 있고 낫지 않는 자도 있다고 말하심
　　-->신에 대한 기도와 제사를 통해 인간의 문제가 해결된다
　　　는 종교와 대조됨.

->ⓐ신을 중심으로 한 종교: 신이 되려하면 근원적인 죄
　　　　　　　　　　　　-->신벌78)
　ⓑ불교: 부처가 되려하지 않으면 교만, 무지라 규정

---

77) 대체로 맹목적 믿음을 따르는 미신(迷信)은 신을 달래서 목적
을 성취하는 것으로 자신은 변하려 하지 않는다. 반면에 절대적
믿음을 추구하는 불교는 부처님을 변화시켜 무엇을 얻어내는 것
이 아니라, 자기 자신이 변화하면서 목표에 접근해 가는 것이다.
78) ex) 바벨탑 : 인간이 신에 가깝게 이르기 위한 행동을 허용하
지 않고 쌓아올린 탑을 무너뜨릴 뿐만 아니라, 언어도 갈라놓아서
인간끼리의 소통을 못하게 만들어 버림으로써 신의 권위에 도전
하지 못하도록 한다.

->따라서 불교의 믿음은 항상 최상의 깨달음을 얻고자 마음을
일으키는(부처가 되고자) 발심과 함께 나타난다.
이것은 곧 불교적(종교적) 실천의 행[79]으로 옮겨진다.
--->믿음->발심->행

믿음 - 발심 - 행 => 불교적 신앙생활[80]

---

79) *육신의 기증과 진리의 기증
요즘 많이 하고 있는 장기기증의 경우, 일단 기증을 하겠다고 서
약서를 썼다면, 그 순간부터 자신의 심신을 잘 관리해야 할 것이
니, 나 자신을 위해서이기도 하지만 남을 위해서 필수적인 것으
로, 정말 그러한 상황이 발생했을때 쓸모없는 몸의 상태에 있다면
쓰레기에 지나지 않는 것이기 때문이다. 그러나 보이는 서약서는
썼으나 실제로는 자신에게는 그러한 상황이 절대 일어나지 않을
것이라 생각하는 사람들이 다수인 것도 사실이다. 그처럼 믿음도
실천을 통해 이루어지는 것이니, 그때에 비로소 육신의 기증이 진
리의 기증으로 연결되는 것이다.
진리의 기증이란 불교경전의 내용 중에 맹인· 귀머거리· 벙어리·
앉은뱅이· 정신착란 등의 갖가지 병으로 고통을 받고 있는 이들
의 질병을 없게 하겠다는 서원이 나타나는데, 육신의 병이 아닌,
눈이 있고 귀가 있어도 진리를 보고 듣지 못하는 진리에 병든 장
애자들에게 진리의 눈, 진리의 귀를 기증할 수 있는 '무아의 나'가
되는 것이라 하겠다.
80) *부처님을 믿는다면서 부처님을 믿지 않는다.
얼마전 로마교황 프란치스코의 한국 방문시 검소하고 청빈하다며
칭송이 자자하였다. 그러나 검소하고 청빈한 것은 그 진위를 떠나
교황이라도 수행자의 입장에서는 당연한 것이다. 검소하고 청빈하
다는 것만을 본다면 그 종교적·사회적 위치가 아닌 순수한 종교
인으로서는 내가 더 훌륭할 수도 있다. 그런데 왜 승려들은 보여
주는 연기도 못 하는가. 왜 그리 화려한가. 참 등신들이다. 그것은

↳발심은 최상의 깨달음을 얻고자 마음을 일으키는 것

==>변함없는(절대적 믿음) 변화하는 나(좋은 '인+연'을 만들어, 스스로 자신을 만들어가는 존재)81)82)

결국 부처님을 믿고 있지 않다는 의심으로 종결된다.

그런데 더 등신들이 있다. 바로 종교계에 소위 신도, 신자라고 자처하는 그 상등신들이 그러한 자들을 분별하지 못하고 우리스님 우리목사하며 갖다 바치니 악의 순환이 계속되는 것이다. 혹자는 나는 스님 보고가는게 아니고 부처님 보고간다 하면서 결국 복받겠다고 돈놓고 나오니 그 돈을 부처님이 쓰시겠는가. 같은 상등신짓을 하고 있는 것이다. 누구는 아무러해도 돈은 들어와 아쉬운게 없으니 타락의 직접원인제공자는 그런 상등신들인 것이다.

기실 작금에 벌어지고 있는 승가의 모든 악폐(惡弊)들도, 승려들의 잘못된 소유의 욕망과 함께, 그 욕망을 부추겨온 신도라고 자처하는 어리석은 중생들에게서 진짜 원인이 비롯된 것이니, 복을 받기 위해 우리스님을 찾지 말고, 부처님을 찾지 말고 스스로가 부처님이 되어가는 지혜로운 우바새·우바이가 되어야 한다. 그것이 부처님을 믿는 것이다. 그리고 부처님 당시에도 그러하였듯이, 우바새·우바이들이 진실로 부처님을 믿고 좇아 나아가겠다고 한다면, 현명한 지혜를 일으키고 사찰의 진정한 주인으로서 지금부터 십년을 사찰에 동전 한 푼도 갖다 주지 않으면 지금의 악폐들은 대부분 해결이 될 것이다. 그것이 최선의 지혜로운 방법이다.

81) 좋고 나쁜 날씨란 인간의 기준일뿐이지, 날씨 자체로는 좋고 나쁜 것이 없다. 자신의 기준을 벗어나면 주위의 상황은 언제나 같다. 그러므로 상황을 바꾸려 하지 말고 상황 속에 있는 원인자인 나를 바꾸려해야한다. 부처님은 완성된 삶을 주신분이 아니라, 완성의 방법을 알려주는 분이다. 그런 절대적 믿음에 변함없이 변화하는 나를 만들어 가는 존재가 부처님을 닮아가려는 불교인이다.

<<어느 보살님께 말씀드리는 불교의 믿음에 대한 짧은 견해>

믿음에는 두 가지 형태가 있는데 하나는 절대적 믿음으로, 이것은 곧 석가모니께서 증명한 것과 같은 확실하게 증명된 진리로서, 이를 통해 얻어지는 것도 영원한 진리입니다.
다른 하나는 맹목적 믿음으로, 이것은 신의 뜻에 따르는 것과 같은 것으로서 불확실하여 보장할 수 없는 것으로, 얻어지는 것도 일시적이며 어떤 일을 잠시 미룰 뿐입니다.
즉, 어떤 계기로 일시적으로 법계와 내가 감응되어 무언가를 얻을런지도 모르나, 결국 내가(身口意) 그 감응의 동기나 원인을 유지하지 못하므로(얻고자 하는 것이 욕망이기 때문에 언젠가는 번뇌와 고통을 불러오지요) 오래갈 수가 없는 것입니다.

그것은 마치 죽은 자가 살아난 것과 같은 것입니다.
성경에 보면 예수님은 죽은 자를 살리기도 합니다. 그런데 불경에 보면 부처님은 노파의 죽은 아들을 살리지 않고 다만 누구나 죽는다는 무상을 말해 줄뿐입니다.
그것을 두고 어떤 이들은(일부 무지하고 예수 팔아먹는 장사꾼인 목사들이 대부분이지만) 부처보다 예수가 신력이 더 위다 등등 말하기도 하지요.

---

82) '절대적 믿음에 변함없는 변화하는 나'를 소위 꼰대와 어른으로 비유한다면, 꼰대는 성장을 멈춘 사람이고, 어른은 성장을 계속하는 사람이다. 나이가 많다고 어른인 것이 아니고, 나이가 적다고 어린것이 아니다. 불교에서 승납의 의미가 그런것인데, 육신이나 경력의 나이를 말하는 것이 아니라, 진리의 나이를 말함이니, 만일 세속의 나이든 승납이든, 백년이 되었더라도 잘못살면서 꼰대를 벗어나지 못하고 있다면, 내가 나이가 얼만데, 승납이 얼만데하는 등신같은 짓은 그만 하고, 다시 처음으로 돌아가 한살부터 시작해가야 하는 것이다. 그것이 진정한 초심(初心)이다.

그러나 그것들은 본질과는 전혀 관련이 없는 것들입니다.

이렇게 생각해보지요. 그러면 지금 그때 살아난 자와 살린 자는 어디에 있나? 모두 죽었습니다.

그렇게 고통을 잠시 뒤로 미룰 뿐 또 죽게 되고 죽음을 보게 되는 것이지요.

아마 예수님도 그것을 알았으리라 여겨집니다. 그러나 대중의 근기가 하세이므로 어쩔 수 없이 방편을 보인 것으로 생각되는데, 만일 그러한 일이 정말 있어서, 사람들이 이러한 살아난 몸에 집착하여 이런 형태의 것들을 기적이네 신통이네 하며 따르게 된다면, 진정으로 예수님이 말하는 참된 영생은 절대로 얻을 수가 없을 것입니다. 왜냐하면 영생, 곧 영원한 생명은 불교에서 말하는 오온으로 된 육신을 말하는 것이 아닌 진리를 말하는 것이기 때문이지요.

따라서 우리가 석가모니부처님의 그늘에 한발이라도 걸쳐놓았다면, 그 가르침에 한 치도 벗어나서는 안 되는 것이며, 증명해보이신 가르침을 의심 없이 그대로 따르는 것이 바로 절대적 믿음이 되는 것입니다.

이때의 절대적 믿음은 신의 뜻이나 운명 등 불확실한 무언가에 의해 이뤄질 것이라는 믿음이 아니라, 당신께서 가르친 대로 이렇게 따라 하기만 하면 반드시 된다는 보장의 믿음이 되겠지요.

이것이 불교에서 절대적 믿음이 필요한 이유가 되는 것이지요.

여기서 한 가지 정의한다면 불교란 무엇인가?

제가 좋아하는 시중에 김춘수의 꽃이란 시가 있는데, '처음엔 아무것도 아니었는데 내가 그의 이름을 불러주었을때 꽃이 되었다'라는 내용이지요.

저는 불교는 이와 같다고 생각합니다.

나의 인(因)이 너의 연(緣)에게로 가서 무엇이 되는것.

너의 인이 나의 연에게로 와서 무엇이 되는것.

그러면 무엇이 되는 걸까요?

저는 그것이 불교에서 말하는 제법무아라 생각합니다.

우리는 처음에는 인과 연으로 떨어져 있는 아무것도 아닌 것이었지만(그러나 이것이야말로 나의 참모습인 무아이겠지요), 인과연이 합쳐지자 무엇인 나가 되었습니다.

그러니 이렇게 본다면 무아란 아무것도 아닌 것이지만, 아무것도 아닌 것이 아닌, 소위 공이라 불려지는 근원적 모습일 것 같습니다.

따라서 무아란 '없다'라는 개념이 아니라, 아직 무언가 만들어지지 않은 상태이기 때문에, 결국 어떻게 만나서 합해지는가에 따라서 무엇이든 만들어지고 될 수 있는, 가장 완성된 근원의 상태라고 말할 수 있겠습니다.

즉, 인간의 모습으로서 무아를 말한다면, 나라는 실체가 없다는 것은 내가 없다는 것이 아니라, 나라고 고정된 내가 아니다라는 의미, 곧 내가 너요 너가 나이며, 내가 산이요, 물이요, 바람이요 모든 현상존재가 될 수 있는 것으로, 결국 내가 무엇이든 모든 것이 될 수 있다는 연기법의 다른 표현이라고 말할 수 있겠습니다.

한마디로 우리삶속에서 내가 무엇이든 모든 것이 된다는 것은, 내가 남편이요, 아내요, 부모요, 자식이요, 원수요...등등 이겠지요.

그런데 왜 우리는 나의 상에 스스로가 희로애락을 갖는 건가요?

그것은 마치 거울 속에 비친 나의모습에 남인 것처럼 희로애락을 표현하는 것과 똑같은 것일 겁니다.

저는 석가모니부처님의 가르침 중에 하나가 바로, 이미 무엇이 되기 전에 제대로 된 '무아의 나'가 먼저 되어라하는 것이라 생각합니다.

즉, 나의 이름을 불러주었을때 꽃이 되는데 어떤 꽃이 되었느냐에 매달리는 것이 아니라, 어떤 내가 어떻게 이름을 불러주어야 제대로 된 꽃을 만들 것인가를 먼저 알아야 한다는 말이겠지요.

꽃을 만들것이냐 똥을 만들것이냐 호박꽃이냐 장미꽃이냐?

이것은 나의 어떤 인의씨(무아의 인)가, 너의 어떤 연의씨(무아의 연)와 만나야, 그야말로 꽃이라 불려지느냐 하는 말이겠지요.

따라서 석가모니부처님의 가르침에 따른다면 나의씨를, 즉 나의 무아의 인(이것이 내가 없지만 그러나 있는 참나이겠지요)을, 가장 좋은씨로 최상의 수준으로 만드는 것이 우리가 불교를 믿고 따르는 이유라고 말할 수 있을 겁니다.

그러면 어떻게 하면 수준 있는 최상의 좋은씨, 곧 무아의 나가 될 수 있는가 하는 것이 가르침의 실천이 되겠습니다.

정리한다면, 이세상은 영원한 것이 없는 무상의 세계인데, 그러나 영원한 것이 없다는 말은 곧 항상 변화하여 새로운 것이므로, 무상의 세계란 늘 새로움이며, 그렇게 늘 새로운 이 세상에서 무엇이든 될 수 있는 무아의 나가 되어, 고를 열반으로 만들어 부처가 되고 싶으면 부처가 되고, 그것이 싫으면 중생 각자의 수준에 맞춰서 부자도 되고, 학자도 되고, 좋은남편, 좋은아내, 좋은자식, 좋은부모...등등을 만들어가는것이 불교의 목적인데,

예컨대 여기서 좋은 남편이 된다는 것은, 아내에게 옷, 화장품 잘 사주는 그런 남편이 되라는 말이 아니라, 무아의 남편(좋은 씨의 인)이 되어 무아의 아내(좋은씨의 연)와 법계의 예의로 결합되어야 한다는 것이며, 좋은 아내도 옷잘입고 섹시해서 예쁘게 잘 보이라는 것이 아니라 무아의 아내(좋은씨의 인)가 되라는 것이겠습니다.

좋은·훌륭한 무아의 씨, 즉 좋은因, 그런 씨앗이 되어야 좋은緣에 수준이 맞을 것이며, 그렇게 되도록 노력하는 것이 법계의 예의라 하겠습니다.

같은 씨라도 어떤 연을 만나느냐(결합되는가)에 따라 달라지는 것이니, 소가 물을 먹으면 우유가 되지만 뱀이 물을 먹으면 독이 되

는 것이며, 이산화탄소는 탄산음료에 쓰이지만 일산화탄소는 중독을 일으켜 죽게 되는 것입니다.

그렇게 좋은씨를 만드는 방법이 바로 기도, 염불독송, 선법, 실천행인 팔정도와 바라밀 등등이 되겠습니다.
그래서 기도는 무아의 나가 되는 기도(달라는 기도가 아니라)가 되어야 하며, 염불독송은 무아의 나가 되는 칭명(이름의 값)과 무아의 나가 되는 경전독송이 되어야 하며, 좌선은 무아의 나가 되는 좌선(번뇌의 멸, 신구의의 그릇을 크고 넓고 깊고 깨끗하게 만듦), 실천행은 현실의 삶속의 모든 생활이 바로 그렇게 되어야 하는 것이고요.

그렇게 절대적 믿음을 바탕으로 무아의 나가 되어갈 때, 욕망으로 삿되고 현혹되며 일시적인 달콤함이 아닌, 진정으로 법계가 감응하게 되는 것입니다. 그러한 길은 증명된 틀림없는 진리이기 때문에 법계의 메커니즘이 작동할 수밖에 없는 것이지요. 이것을 소위 공덕이나 복이라고 말할 수 있을 겁니다.
지장경을 독송하고 기도하신다기에 몇 가지 말씀드리려다가 어려운 이야기만 한듯합니다.
다만 무아의 나라는 개념으로 지장경을 본다면 조금은 더 나을 수도 있을 것 같습니다.
지장(地藏Ksitigarbha)이란 의미가 대지의 덕을 뜻하는데, 대지 곧 땅은 만물을 싣고 그들 모두를 윤택하게 하고 이익 되게 한다하였습니다.
그러니 무아의 나는, 지장인 나, 곧 대지의 마음을 지닌 나가 되는 것이겠지요.

불가사의(不可思議)란 너무 깊고 높아 생각할 수 없는 것뿐만이 아니라, 너무 쉽고 당연해서 생각자체를 못하는 것이기도 합니다.

그런데 우리는 지장의 마음, 즉 대지의 마음을 마치 공기가 너무 당연한 것이라 5분만 없어도 죽는다는걸 모르고 공기의 고마움을 너무나 당연해서 간과하듯이 불가사의 해버리는것 같습니다. 그리고는 신과 같은 존재나 운명 등을 불가사의로 생각해서는 자기 자신을 의지하려고 합니다.

그러나 석가모니 부처님의 가르침이 아닌 것은 결국 아무런 소용이 없는 것이니, 석가모니부처님의 절대적 믿음을 바탕으로, 먼저 가장 수준 높고 훌륭하며 최상의 좋은씨인 나의 인, 곧 무아의 나가 되어야겠다는 원력 속에 하나하나 실천해 가신다면, 그 길은 증명된 틀림없는 진리의 길이기 때문에, 신이나 운명 같은 헛된 답이 아닌, 반드시 대지와 같은 지장보살의 참된 진리의 응답이 있게 될 것입니다.
대비의 마음, 사랑의 마음, 서원의 마음이란, 나도 절대적 믿음으로 지장보살의 그런 마음을 닮아가서 다른 사람들에게 전하겠다는 마음일겁니다.

그렇게 무아의 나라는 의미로 지장경을 보면, 지장경은 무아의 나인 지장이 되어, 부처가 되고 부자 돼서 행복하고 건강하게 잘사는 방법을 적어놓은 부처님의 말씀이 되겠지요.
그것이 틀림없는 진리임을 증명해주는 증명법사도 있습니다. 지장경의 말미에 보면 허공장보살(虛空藏菩薩Ākāśagarbha)이 등장하는데 그 많은 보살들 중에 왜 하필이면 허공장보살일까요.
허공이란 말 그대로 하늘입니다. 우리는 정말 중요한 약속이나 맹세를 할 때 하늘과 땅, 곧 천지를 걸고 합니다.
지장보살이 곧 대지이니 당연히 하늘을 의미하는 허공장보살이 나와야 하는 것이지요.
보살님이 무아의 나가 되어 지장의 마음을 지니게 될 때, 아마도 허공장보살님이 어디선가 출현하게 될 것이고 석가모니부처님의 진리의 약속은 실현되게 될 것입니다.

훌륭하신 지장보살님이 되시기를 발원하며 어제도 오늘도 내일도
날마다 좋은날입니다. >

<<종교의 필요성의 유무(有無)>
  -종교는 모두가 수준 있게 잘먹고 잘살자는 궁극의 목적
  -불교, 유교, 도교, 기독교, 샤머니즘이 모두 그 의미에 있어서
   는 같다.

  -사이비가 아닌것--자기 자리를 알아야 한다
              --사이비의 판단기준: 대가의 유무
                 ->승려의 대가는 무엇인가?[83]
                 ->사기꾼의 대가는 무엇인가?[84]

---

83) 대승불교에서는 부처는 시방세계에 항상 상주한다고 본다. 그
래서 모든 세계마다 부처가 상주하며 중생이 원하면 몸을 나투어
구제해주신다고 생각하는 <본원력 구제설>이 등장한다. 부처에게
공양을 올리면 큰 공덕이 된다고 생각한다. 그래서 절에 가서 불
공을 올리는 것을 큰 공덕으로 여긴다. 그런데 이렇게만 될 때,
승려들은 부처와 신도들을 연결해주는 사제(司祭)의 역할을 하는
자로 전락하게 되고, 신도들이 주로 행하는 신행활동은 항상 언제
어디서나 머물고 계시는 부처에게 기도하는 것이 된다.
상좌부불교는 부처는 빠리닙바나(대열반)에 들어가셨다고 생각한
다. 부처는 더 이상 몸을 나툴 수 없다고 생각한다. 그러므로 부
처에게 불공을 올리지 않는다. 대신 부처의 10가지 공덕을 회상하
며 부처의 가르침에 따라 수행하는 것이 최상이라고 생각한다. 공
덕을 짓고자 하는 사람은 승가에 직접 공양을 올린다. 승가는 신
도들의 복밭이 되기 위해 계율을 엄격히 지키며 청정범행을 닦는
다. 승려들은 사제가 아니고 부처의 가르침을 전하며 실천하는 수
행자이다.
84) 흔히들 옛말이나 점쟁이들 하는 소리 중에 중팔자라는 말이
있는데, 훌륭한 스님이 될 팔자라는 뜻이 아니라 인생의 풍파가
많아서 살기 힘들다라는말을 돌려말한 것이다. 한마디로 아무것도
없는 거지사주가 중팔자인 것이다. 그런데 중팔자를 이런 의미로

-신념(信念=人+言+心+今): 신(身몸, 행동), 구(口), 의(意)가 지
금(今:항상) 일치 하는 것이다.85)

보면, 진짜중과 가짜중, 사기꾼인지 아닌지를 금방 알수가 있으니, 승복을 입었다거나 계를 받았다고 중이 아니라, 중팔자는 아무것도 가진 것이 없는 자이어야 하는데, 중이 관(官)이나 여자, 재물 등을 갖고 있다면 중팔자가 아니니 결국 중이 아닌 것이다.

에피소드로 어느 유명관상쟁이가 아주 큰 모 사찰에 갔다가 보니 승려들이 전부 재벌이나 부자의 관상을 지니고 있어서, 아니 왜 이런 부자들이 절에 있는 것일까 하고 의아해 하였다는 이야기는, 그 어처구니없는 행태들을 비꼬아 말한 것이다. 절 안에서야 떠받들어주니 큰스님이지, 밖에 나가면 좋게 불러줘야 선생님이고 아저씨나 영감인데, 비싼 차타고 다니니 본인들은 그걸 모를 뿐, 대중교통 타는 나 같은 중이 욕은 고스란히 대신 먹는다.

85) *안과 밖의 일치

예를 들어 승려가 처첩을 데리고 산다고 할 때, 왜 욕을 하는가? 그런데 만일 처첩이 백명이라해도 부처님처럼 산다면 어떻겠는가. 결론만 말하면 아무런 문제가 없다. 부처님처럼 못살고, 승려, 목사, 신부처럼 못살기 때문에 욕을 하는 것이다. 차고 있는 완장과 자신이 일치가 되지 않기 때문에 즉, 승려가 승려가 되지 못하고 목사가 목사가 되지 못하고 신부가 신부가 되지못하여 안과 밖이 일치하지 못하는 것을 욕하는 것이지, 여자가 있다고 욕하는 것이 아니다.

불음계(不淫戒)란것도, 부처님을 제외하고는 청정해서 여자가 없는 게 아니라, 되지를 않으니 계를 통해서라도 없게 만드는 것이다. 돈도 욕심이 하나도 없어서 갖지 않는 것이 아니라, 갖게 되면 욕심이 저절로 생겨나니 소유하지 못하게 한 것이다. 계율 250계에 걸리지 않는 것이 없으니 만일 250계에 걸림이 없는 자라면 여자나 돈이 있고 없음이 아무런 문제가 되지 않는다. 결국 여자나 돈이 문제가 아니라 나 자신이 문제인 것이다.

--이런 신념을 지닌 사람이라면 자신은 물론 남에게도 굳은 믿음과 신뢰, 행복을 줄 수 있을 것이다.

따라서 절대적 믿음의 종교를 가지고 행하는 사람과 다르지 않다. 이것을 절대적 믿음과 대비하여 절대적 신념이라고 할 수 있겠다.

-그 자신이 신념 있는 사람이 되거나, 그에 근접하는 일상의 삶을 살아가는 사람에게는 나아갈 올바른 방향의 지침으로써의 종교가 필요하지 않을 수도 있다. 그러나 자신의 신념이 절대적 신념에 부족하다 생각하면 올바른 종교를 갖는 것도 좋다. 나의 경우는 내 자신의 신념보다는 부처님의 가르침을 절대적으로 확신하기 때문에 부처님을 붙들고 늘어지는 것이다. >

그런데 또 이것을 잘못 착각하고는 '나는 깨달아서 걸림이 없게 되었으니 가무음주에 처첩에 계집질에 재물을 쌓아도 문제없는 선지식 도인이노라' 하는 희대의 정신병자들이 등장하고는 한다. 그리고 그들을 떠받들며 따르는 수많은 어리석은 이들까지 생겨난다.

그러한 자들이나 어떤 상황들이 나타날때, 헷갈린다거나 어렵다면 이렇게 하면 된다. '부처님께서는 어떻게 하셨는가?' 하고 잠깐만 생각해보면 답이 나오는 이야기이다. 우리가 지녀야할 명확한 지혜는 그렇게 '부처님이라면 어떻게 하셨을까?', '부처님이라면 어떻게 말씀하셨을까?'하는 물음으로부터 나오는 것이다.

14. 열반(고요의 경지: 탐진치가 멸한 경지)86) < **무상정등각**
(성불, 불교의 궁극적 목적)

-열반: 아집을 버리고 담담히 바라보는(捨,평정) 경계-->법계
　　　　괴로운 생사의 굴레에서 벗어났다-->해탈87)
　　　　뜨거운 번뇌의 불길이 꺼졌다-->열반

---

86) ①오미(五味)의 비유 : 증일아함경 12권 21 '삼보품(三寶品)'
"그것은 마치 소에서 젖을 얻고 우유(乳味)에서 낙(酪:요구르트)을 얻으며, 낙에서 생소(生酥:생버터)를 얻고 생소에서 숙소(熟酥:정제버터)를 얻고 숙소에서 제호(醍醐:치즈)를 얻지만, 그 중에서 제호가 가장 존귀하고 최상이어서 그 어느 것도 제호의 맛을 따를 수 없는 것처럼, 모든 法인 유루·무루와 유위·무위와 무욕·무염과 멸진·열반이 있으나, 그 중에서 열반이 가장 존귀하고 최상이기 때문에 모든 중생들은 법을 섬기는 것이다."
　②제호미(醍醐味) 최상(最上) : 대반열반경 14권 7 '성행품(聖行品)'
"제호는 곧 불성에 비유한 것으로 불성은 곧 여래이니라. 선남자야, 이런 뜻으로 여래께서 가지신 공덕은 무량하고 가이없어서 헤아릴 수 없다고 말하는 것이니라." 즉, 부처님께서 설하신 가르침 중에서 제호미가 최고의 맛으로, 제호라 함은 곧 대열반이고, 대열반은 곧 불성이다.

87) 결박이나 장애로부터 벗어난 해방·자유를 의미.
　ⓐ慧解脫: 오온이나 십이연기에 실체가 본래 없는 것(무아)을 봄으로써 지적으로 해탈하는 것을 뜻함
　ⓑ心解脫: 연기한 것이 무아라는 것을 직관하는 것(正見)만으로 마음의 번뇌가 완전히 멸하는 것이 아니다. 正定을 통해 마음에서 그것을 멸해야만 한다. 이것이 심해탈이다.
　열반은 이러한 두 가지 해탈이 갖추어질 때(俱分解脫) 비로소 실현되는 것이다.

-상의상관의 관계속에서 열반은 생사가 있으므로 그에 따라 있게 된 상대적인 진리, 연생(緣生)한 법이다.

즉, 생사는 열반이요 열반은 생사이므로, 생사와 열반을 분별하여 그 중의 열반을 독자적 존재성을 지닌 것으로 보고, 그런 상대적인 것을 절대적인 진리로 집착한다면, 망집(妄執) 곧 괴로움이 따른다.

　　-->이것을 초월한 반야지혜의 완성이 필요(피안에 이르름)

-보살의 진정한 깨달음 -->彼岸에서 다시 중생을 위해 此岸으로 돌아옴(대자(大慈)--큰 우정, 대비(大悲)--큰 슬픔)[88]

　　->더러운 땅에(차안-중생)핀 하얀 연꽃

　　->아뇩다라샴막삼보리의 실현(여래, 부처)

　　->회향 -->정품이 되어 법계를 구성할 때 법계의 메커니즘이 저절로 작동한다.[89]

---

[88] 慈 = 검을茲(우주·자궁의 안락한 어둠) + 마음心

　　　-->우주. 어머니(자궁)의 마음

　　悲 = 아닐非 (새의 좌우 날개, 서로 어긋나다) + 마음心

　　　-->아파하는 마음, 날개로 감싸 안는 마음

[89] 바르고 참된 회향은 마무리해 끝나는 시간이 아니라, 새로이 시작하는 시간이다.

15. 반야바라밀다

: 지혜의 완성, 법계의 정품이 됨

-반야: 모든 법의 자성이 공함을 보고 그 실상을 직관하는 지혜. 곧 무아를 앎

-바라밀다: 피안에 이른 상태, 완성된 것, 궁극적인 것

< 불교의 깨달음 -->단(丹)이나 도학(道學)의 깨달음과는 다르다.

: 부처와 같거나 근접(모든 면에서)하지 못한 것이라면 불교가 아니다.

①깨달았는데 편협·이기적 ->혹 깨달았을지언정 그것은 불교의 깨달음이 아니다. -->No Thank You!!!

②본래의 자기 자리를 잃고(잊고), 현 모습(주지, 교수 등등)이 자기의 진짜 최고 모습인줄 안다.
　　-->현모습의 궁극적 목적은 부처인데, 그것을 잊고 완장찬 현모습의 추구가 최고의 목적이 됨. >

< 돈의 필요 의미 -->목적이 아닌 수단과 도구로 사용되어야 한다.

①백억으로 뭘하나 ->할 게 없다(먹고 쓰는 데에는)
　　　　　　　　-->돈 자체를 목적으로 했을 때.
　　　　　　->할 게 너무 많다
　　　　　　　-->돈을 수단으로 할 때.

②백억이 많을수도 있고 적을수도 있다.
 ->우주 가는데 몇 조원. 비행기 한대 몇천억 -->백억이 적다.
 ->밥먹는 것, 라면, 좋은집, 좋은차 -->백억이 많다.

③민간인이 우주왕복선 탈때 ->몇백억 지출. 1년간 고된 훈련.
                          왜?
   -->돈 자체가 목적일 때는 돈은 단지 편하게 사는데 사용
      되면 되지만, 돈이 수단으로 사용될 때는 그것이 힘들어
      도 가치를 찾기 위해 쓰인다.

④에베레스트 등정 ->목숨을 걸고 돈을 사용
   -->돈이 수단으로 쓰임. 그 수단이 없으면 하지 못한다.

⑤환희지의 경험 ->달착륙
   -->많은돈 사용, 공포, 돌아오지 못할 두려움. 처음에 기쁨으
      로만 가지 않았다.
   -->착륙하니 공포를 이겨내고 환희.

⑥김연아 선수의 발 ->굳은살, 피멍
   -->보여지는 것은 아름답지만, 그 노력은 안 보인다.
   -->노력이 아름다움으로 승화
   -->이 경우도 돈이 수단이 됨.

⑦물질과 욕망90)으로 돈을 목적화 하지 말고, 돈의 정체를 바른

---

90) *보이스피싱과 노인
노인들이 보이스피싱에 당하는 경우가 많은 까닭은 뭘 몰라서가
아니라 너무 많이 알아서 그런 것이다. '나', '나의 것'이라는 욕심
으로 자신의 그릇이 가득차서는, 누군가가 네 돈이 위험하다고 하
면 오직 '내것'으로 꽉차있는 그릇으로는 더 생각할 수 있는 여지

견해로 파악해서, 모두에게 행복을 줄 수 있는 가치를 찾기 위해 사용되는 수단으로 돈을 바라본다면, 그것이 진정한 무소유가 아닐까 한다.91) 그리고 그러한 가치를 찾아내는 것이 바로 부처님의 가르침일 것이다. >

가 없기에 돈을 찾아 냉장고에 넣어두는 짓을 하는 것이다. 한 마디로 욕심으로 가득차서 욕심 때문에 넘어간다.

경험하여 보았겠지만 어릴적에 아이들은 궁금해서 질문하는 일이 아주 많다. 왜 그런가 하면 아이의 그릇은 아주 많이 비어있기 때문이다. 이렇게 자신의 그릇이 비어있는 상태의 사람에게 만일 누군가가 위험하니 돈을 찾아 냉장고에 넣어두라고 했다면 '왜 그래야 하는가?'라는 질문을 할 것이다. 젊어서 똑똑해서 보이스피싱 같은 것에 잘 당하지 않는 것이 아니라, 아직 그릇이 여지가 있기 때문에 생각을 하는 것이다. 물론 젊은이라도 자신의 그릇이 이미 꽉 차있다면 똑같은 어리석은 짓을 하게 될 것이다. 공덕을 만드는 방법도 그와 같다. 그릇이 가득 찼다면 조금이라도 비워서 여지를 만들거나, 시간이 걸리더라도 그릇의 크기를 키워 가면 된다. 그것이 '나의 공덕의 그릇'을 만든다고 하는 것이다.

91) 예전에 어느 승려의 베스트셀러 책 한권 때문에 잘못 이해된 무소유란, 욕망·집착을 버린다는 것이 아니라, 소유, 곧 유아의 본질을 파악하고, 욕망이 목적이 아닌 요익(饒益)의 수단으로 사용될 수 있도록 하는 무아의 바른 이치인 것이다. 유아의 소유에서 무아의 소유로 전환시키는 것이 진정한 무소유로서, 곧 무소유는 바로 무아인 것이다.

16. 불교의 경우 기도와 신행(信行)의 방법이 달라야 할 것[92]

　: 기도->타력적 방법

---

92) *의식(儀式)과 설법, 수행의 재점검

개신교에서 설교전의 행위로 노래와 춤 등을 통해 사교의 장으로서의 역할은 물론 대중들의 의식(意識)을 하나로 통합시키는 방법을 많이 쓰고 있는데, 이렇게 대중을 의식(儀式)의 내부로 밀어넣는 행위가 일종의 최면현상을 일으키고, 거기서 카타르시스를 느끼면서 구원받았다고 생각하게 하는 행태는, 전혀 바람직하지 않지만 일단 대중 스스로가 의식(儀式)의 주체로서 접근한다는 점에서는 긍정적인면도 있다.

그런 점에서 불교의 경우 '예불을 본다'라는 표현을 씀으로써 대중이 관객의 위치에 있어 왔는데, 이것을 '예불을 모신다'라는 주연의 위치로 바꿀 필요가 있는 것이다.

앞에서 언급했듯이 기독교의 장례봉사 때문에 개종을 하는 경우가 많다고 했는데, 사실 불교의 장례의식(시다림의식)은 물론 제반 의식들은 아주 발달되어있으나, 그것이 오로지 승려만의 의식으로 되어버렸다는 점에서 2차적인 봉사 행위는 둘째치고라도, 기본의식에서조차 대중의 주체적 역할을 끌어내지 못하고 대중을 불교에서 멀어지게 하는 행태가 지속되어 왔다고 본다. 다비의식도 무상·무아의 법을 인식시키는 것보다는, 결국 사리라는 영험적 현상에 멈추어 버리고 있지 않은가.

결론적으로 의식(儀式)은 부처님을 그 의식의 주연이 아닌 증명자로 모시고서, 나 자신이 주연이 되어 펼쳐가는 지혜를 찾는 자리가 되어야 한다. 그리고 그러한 인식으로, 기존의 그저 남의 이야기나 듣는 설법이나 관행적 수행에 있어서도 지혜로운 주체적 변화를 가져오도록 해야 할 것이다. 어떤 일이든 십년, 백년을 내다보아야 하듯이, 불교는 더욱더 몇 겁의 시간이라도 내다볼 줄을 알고 앞으로 나아가야 한다.

--반영적(거울에 비친 나. 다른 사람의 모습=나(=관세음보살))
　　↳바깥에서 나를 본다. 직접 나를 보면 좋은데 그게 잘
　　안되니까.93)

->기도란 단순히 손 모으고 주문하며 칭명하는 것이 아니다.94)
　～어떻게 주문하며 어떻게 칭명(생각)해야 하는가?
　～기도(감응) --> 마음 안에서 발견 --> 자신이 부처

->기도라도, 기도하는 수 밖에가 아니라, 기도가 모든 것의 시
　작95)

->어디에 기도하는가? 부처에? 신에? 내가 만들어갈 인과 연에
　기도.96)

---

93) 불상의 점안(點眼)도 이와 같은 의미를 내포하고 있는데, 점
안을 안하면 불상에 귀신이 붙는다며 잘못 알고 행하는 무지한
자들이 너무나 많다. 그러나 달을 가리키는 손가락의 비유와 같
이, 어디에다 점안을 할 것인가를 알아야 하는데, 그것을 모르고
어찌 무명중생이 부처의 눈을 뜨게 할 수 있겠는가. 눈은 있으되
진리를 보지 못하는 그런 어리석은 네 눈깔에 공점(空點)을 찍어
진리의 눈을 뜨는 것이 진실한 점안인 것이다.

94) 무슨 기도를 해야 하는가를 묻고, 너는 지장기도 너는 관음기
도해라 하고 답하는 것이 아니라, 어떻게 기도를 해야 하는가를
묻고, 내가 지장보살이 되고 관세음보살이 되는 방법을 알려주고
실천해가는 기도가 되어야 한다.

95) 흔히들 '기도빨'이라고 말하기도 하는데, '화장빨'이라는 표현
처럼 본얼굴이 컨디션이 좋아야 화장을 해도 더 예쁘게 보이는
것과 같이, 기도도 내가 좋을때 해야 '빨'도 좋아서 멀리 두루 펼
칠 수 있는 것이다. 내가 나쁜 상태에서는 나를 채우기도 버겁다.

①기도97): ⓐ법계와 감응, 공명, 부처님과의 대화.

        ==>간절함, 절대적 믿음(정품, 열반에 대한)

        ⓑ무아의 기도 ->감응의 시작·출발, 목표와 교신, 목적을 알림(선업이어야), 가야할 방향, 배의 조타장치, 항해장치, 자동차의 핸들, 나침반과 같다.

        -->잘못 조작되면 대형사고

②염불·독송: ⓐ부처를 생각하고 부르라(念佛). 단순히 입으로 부르는 것이 아닌 생각(바로 보는 것)

---

96) ①천도교의 시천주(侍天主)로 본 바른 기도의 의미(적행번역)

" 侍天主 造化定 永世不忘萬事知

하늘의 근본 있어 받들어 따르나니,

생멸의 이치를 다스려 고요하도다(바르다).

영원토록 다함이 없어라. 시방 가득한 밝은 지혜여!

  至氣今至願爲大降

지극한 기운 지금 곧 이르러,

하늘빛 화(和)하여 이뤄지게 하소서."

==>'나(유아의 나)'가 궁극적으로 하늘의 근본(무아의 나)과 같아지도록 스스로 만들어감.

②시천주의 잘못된 번역으로 바르지 않은 기도

"천주님을 모시고 무궁한 세계의 조화를 정하니, 천지만사를 도통하는 큰 은혜 영세토록 잊지 못하옵니다.

천지의 성령님이시여! 저에게 천지의 복을 크게 내려주시기를 간절히 비옵나이다."

==>천주(天主)인 신(神)에 대한 굳은 믿음으로 나의 화복(禍福)을 구함.

97) 기도(祈禱)를 올바른 의미의 念佛, 參禪, 誦呪, 看經 등의 폭넓은 개념으로 보아야 한다.

ⓑ부처를 마음속에 생각하면('무아의 나'이면) 그대
로 32상 80종호

  ->감응도교(感應道交)

  ->해입상응(解入相應: 밖에서 들어온 관세음보
     살(入)과 중생의 본래 마음(解)이 하나가 됨
     (相應)) -->관세음보살이 됨(應化)

③선법: 신구의의 그릇을 크고 넓고 깊고 깨끗하게 만듦
    ->대우주와 똑같은 소우주(소법계) 생성 -->법계와 공조

④실천행: 팔정도, 바라밀....

⑤신행은 함께 만들어가는것
    ->혼자서 가라 ==>'인+연'의 신행이 되어야
    ->'인+연'을 알고 열반(정품)으로 가기위한 삶
    ->다른 존재에 의해 내가 존재함을 감사
    ->만들어진 삶이 아니라 만들어가는 삶

<<測字破字98)로 본 祈禱, 神, 鬼의 해석 >

1) 기도(祈禱)
祈 빌 기: 빌다, 신에게 빌다, 구(求)하다, 고하다, 신이나 사람에
      게 고하다.
禱 빌 도: 빌다, 신명에 일을 고하고 그 일이 성취되기를 기원하
      다.

示 +斤   示+壽
示 보일 시: 보이다, 가르치다, 알리다
斤 도끼 근: 도끼, 베다, 나무를 베다, 근(斤)
壽 목숨 수: 목숨, 수명, 장수(長壽), 오래 살다

==>보이는 것을 베어내면, 진수(진리)를 볼 것이다(알 것이다).
    무명을 끊어내면 아뇩다라삼막삼보리를 얻는다.

2) 신(神)
神 귀신 신: 귀신, 불가사의한 것, 정신, 혼, 마음, 사람의 본바탕

示 +申
示 보일 시: 보이다, 가르치다, 알리다

---

98) 표의문자(表意文字)인 한자(漢字)는, 만들어 질 때부터 한자의
특성상 각각의 뜻을 가진 여러 글자로 분리되고 결합할 수 있는
특징을 지니고 있다.
한자를 분리하여 해체하는 것을 파자(破字), 또는 탁자(坼字)라고
하며, 상황에 따라 한자를 결합하거나 추리(推理)하고 유추(類推)
하는 것을 측자(測字), 또는 상자(相字)라고 한다. 대개 측자파자
(測字破字), 또는 그냥 측자(測字)라고 부르기도 한다.

申 아홉째 지지 신: 아홉째 지지, 방향으로는 서남서, 거듭하다, 되풀이하다, 말하다, 경계하다

==>되풀이되어 보이는 것: 윤회되는 것->윤회의 근원 -->무명, 중생법계

↓

有神--근원이 있는 것

無神--근원이 없는 것

⇓

불교는 무신이며 유신이다. 즉, 무신일때 열반(涅槃)이며 유신일때 고(苦)이다

3) 귀(鬼)
鬼 귀신 귀: 귀신, 지혜롭다, 교활함

臼 +丨 + 人 +厶
臼 절구 구 + 丨뚫을 곤 = 申: 양과 음의 결합--씨앗의 생성
厶 사사 사(私의 古字), 아무 모(某와 同字-아무개, 어떤이). 나
      (我). 스스로 짓다(自營)
(私= 禾벼화 +厶사사 사 : 자기, 개인, 사사로움, 불공평, 자기 욕망, 비밀, 자기 소유로 삼다, 사리(私利)를 취하다, 은밀하다, 홀로, 마음속으로, 사랑하다, 편애하는 것.
   -->낱알(厶)로 이루어진 벼이삭(禾)으로 자기 마음대로 사사로이 쓸 수 있는 벼, 즉 자기것이라는 의미.
또는 여러 쪽의 마늘 알맹이를 감싼 마늘 한통의 모습으로 옭아매다, 옭아매진 나라는 의미)

또는,

囟 + 人 + 厶

顖 정수리 신(囟의 古字): 정수리, 가리마, 우두머리

人 사람 인

厶 사사 사 : 통칭인 자성(子姓)에는 사(厶)·사(姒)·이(以)·희(姬)·
　　　　　　자(子) 등이 있어 이름자에 이들이 포함되면 작은 부
　　　　　　인의 소생이라는 뜻이다.

또는,

申 또는 囟 + 人 + 弗(厶는 다른 문자와 어울려 두가지 형태로
쓰이는데, 口의 변형으로 쓰이는 경우와 弗의 생략체로 쓰이는 경
우가 있다.(佛 ->仏로, 拂(떨불) ->払))

　　==>인간, 태아, 욕망, 번뇌의 의미　　>

78

<<測字破字로 본 身, 心, 意, 音, 念佛의 해석 >

1) 身 몸 신

自亅 + 丿(삐침 별)
: 나를 뜻하는 自의 바깥획에 亅(갈고리 궐)과 같은 획이 뻗어 나
와서, 드러난 나·얽어매어진 나·유아의 나를 의미. 그런 나를 지탱
(丿:지팡이)해가는 것이 몸임을 의미

2) 心 마음 심
　: 忄(心과 同字), ⺗(心이 한자의 다리에 쓰일 때의 자형)

人(亻·儿) + 二 = 仁 = 心 : 몸과 생각을 통합하여 생활을 유지하
는 작용의 본체
二 두 이: 둘, 같다, 대등함, 두마음, 짝함, 둘로 나누다,
　　　　　하늘과 땅(우주)
仁 어질 인: 어질다, 자애, 사람의 마음
　만물을 낳다(人+업력. 仁은 人. 성리학은 '하늘·땅·만물을 하나로
　만드는 것, 사람들이 더불어 사는 것'), 천지인(天地人), 오행에서
　동(東)·건(乾)·춘(春)·목(木)에 해당(五方 중 東方에 속하고 봄철
　의 기운을 뜻함), 만물을 키우고 보살피는 어진 마음, 과실의 씨,
　씨앗

3) 意 뜻 의
立 + 日 + 心 -->마음 위에 대일여래가 바르게 세워짐
音(소리 음) + 心 -->마음의 소리(말의 소리가 아닌)

4) 音 소리 음

　立 + 日 --> 부처를 이루다

　　　　　　--> 소리, 파동, 에너지, 태초의 말씀(성경 창세기)

5) 念佛

今 + 心　　人 + 弗

　==>지금 이 마음(나 = 天地人의 조화)이, 사람(유아)이 아닌 佛.
　　　곧 '무아의 나'　>

<<선19 -혼자서 가라와 함께 가라의 차이>

①예수 → 바울(고린도전서 16장) -> 함께 가라
    -->이미 만들어진 신의 피조물로서, 가서 신이 있음을 증명하
        고 경배하라.
        증명하기 위해서는 증명인이 필요. 신에 대한 경배는 함께
        하는 것.

②석가모니 전도선언 -> 혼자서 가라.99)100)101)

---

99) ①『雜阿含經』卷第三十九, 大正藏2, 288a29~288b05.
"如是我聞 一時 佛住波羅奈國仙人住處鹿野苑中 爾時世尊告諸比丘
我已解脫人天繩索 汝等亦復解脫人天繩索 汝等當行人間 多所過度
多所饒益 安樂人天 不須伴行 一一而去 我今亦往鬱鞞羅住處人間遊
行."
이와 같이 나는 들었다.
어느 때 부처님께서 바라나시국의 선인(仙人)이 사는 녹야원에 계
셨다. 그때 세존께서 모든 비구들에게 말씀하셨다.
"나는 이미 인간과 천상의 속박에서 벗어났다. 너희들도 또한 인
간과 천상의 속박을 벗어났으니, 너희들은 마땅히 인간 세상에 나
가 많은 곳을 두루 다니며 제도(濟度)하고 많은 이익이 있게 하여
인간과 하늘을 안락하게 하라. 반드시 짝지어 함께 다니지 말고,
한 사람씩 따로(一一:하나하나로) 다니도록 해야 한다. 나도 지금
또 다시 울비라 마을로 가서 머물러 있으면서 인간 세상을 유행
(遊行)하여 전법하리라."
②『佛本行集經』卷37, 大正藏3, 835c28~836a15.
"汝諸比丘 若當知我已得解脫 應於一切諸天人中汝等行行 爲令多人
得利益故 爲令多人得安樂故 爲世間求當來利益及安樂故 若欲行至
他方聚落 獨自得去不須二人 又復比丘 汝等若至他方聚落 爲於多人
生憐愍故 攝受彼故 當爲說法初中後善 其義微妙 具足無缺

汝等比丘 當說梵行 有諸衆生 少諸塵垢 薄於結使 諸根成熟 恐畏不
能得聞正法 卽不能得知於法相

佛告比丘 我從今日漸當移去行向優婁頻螺聚落 詣兵將村 而爲彼等
說法敎故

爾時世尊卽說偈言

比丘我今度諸苦 已作自利復益他 所有多人苦未除 今須爲其作憐愍
是故汝等比丘輩 各各宜應獨自行 我今亦復從此移 欲向頻螺聚落所."

"너희 모든 비구들이여! 만일 자신이 이미 해탈을 얻은 것을 알았
거든 응당히 일체 모든 천상과 인간 세상에 너희들의 행을 행하
여라. 많은 사람들로 하여금 이익을 얻게 하기 위해서, 많은 사람
들로 하여금 안락을 얻게 하기 위해서, 세간에 앞으로 얻게 될 이
익과 안락을 구하기 위해서 하라.

만일 다른 지방이나 마을에 가고자 하면, 혼자서(獨自) 갈 것이며,
반드시 두 사람이 함께 다니지 말아야 한다. 또 비구들이여! 너희
들이 만일 다른 지방이나 마을에 이르면 많은 사람을 위하여 가
엾게 여기는 마음을 내어 그들을 자비로 거두어 마땅히 법을 설
하되, 처음도 중간도 끝도 좋고, 그 뜻이 미묘하고 완전하여서 모
자람이 없게 하라. 너희 비구들이여! 마땅히 청정한 행(梵行)을 설
하라. 어떤 많은 중생들은 온갖 티끌과 때가 적고 번뇌가 엷어서
근력이 많이 성숙되었으나, 두려워하고 꺼려해서 바른 법을 들을
수가 없게 되면, 모든 존재현상의 참모습(法相)을 알 수가 없게
될 것이다."

부처님께서 비구들에게 말씀하셨다.

"나는 오늘부터 천천히 다른 곳으로 옮기어 우루베라 마을로 향
해 갈 것이니, 세나니가마(兵將村)에 가서 그들을 위하여 설법하
여 교화하고자 하는 까닭이다."

그때에 부처님께서 게송으로 말씀하셨다.

비구여! 내가 지금 모든 괴로움을 건넜으니

이미 나의 이익은 만들었으나 다시 남도 이롭게 하리.

-->가서 나의 인과 타의 연을 맞추라 --->연기(緣起)

ⓐ여기서 '혼자' 곧 '獨自, 또는 '一一'는, '유아의 나'를 말하는
  것이 아니라 '무아의 나'를 말하는 것.
ⓑ'인+연' ==> 나의 인과 타의 인, 나의 연과 타의 연, 나의
              인과 타의 연 --> 연기의 다른 표현
ⓒ이미 만들어진 것이 아닌, 만들어 가기 위해 가는 것.

온갖 많은 사람들이 괴로움을 없애지 못했으니
이제 마땅히 그들을 위해 연민을 일으키리라.
그러므로 너희 비구들이여!
응당 한사람씩 혼자서 가도록 하라.
나도 지금 또 다시 이곳을 떠나
우루베라 마을로 가려고 한다.
100) <숫타니파타>의 "코뿔소경(khaggavisāṇsutta)"에 나오는, '무소의
뿔처럼 혼자서 가라(如犀角獨步行: eko care khaggavisāṇkappo)'의 의미.
: 기존에 이해되고 있는, 어려움에도 흔들리지 말고 묵묵히 정진
하며 고독하게 혼자서 가라는 의미가 있으나, 그런 의미라기보다
는, '무소의 뿔(khaggavisāṇkappo)', 즉 매우 귀중한 것으로 여겨지
고 있는 코뿔소의 뿔처럼 가장 귀중하고, '獨: 뛰어나다', 곧, 'eko:
하나'의 훌륭한 인(因)이 되어 하나의 훌륭한 연(緣)을 만나, 훌륭
한 '무아의 인+연'을 만들어가라(care)는 것이 진정한 의미이다.
101) '무아의 나'로 본, 석가모니 탄생게의 바른 의미.
"天上天下唯我獨尊 三界皆苦我當安之"
여기서 아(我)는 '유아(有我)의 나'가 아닌 '무아(無我)의 나'를 말
함이고, 독(獨)은 '뛰어나다', 그러므로 '무아의 나'야말로 시방세계
에서 가장 뛰어나고 훌륭한 진리이니, 이 진리로서 모든 괴로움
(苦), 곧 무명(無明)을 없애고 편안함(安), 곧 모두를 바르게(安=正
=明) 하라.

=>신행(절대적 믿음 + 실천행)은 함께 만들어 가는 것(인과 연이 연기되어 만들어 가는 것)

③열반경 -> 자등명법등명(自燈明 法燈明)
　ⓐ자(自:나)란 바로 '무아의 나', 법(法)은 진리의 법계완성
　ⓑ자신의 불성을 믿으라 ->불교의 '나'란 '무아의 나' = 자+타
　ⓒ자등명 ->자신만을 믿으라, 의지하라는 뜻이 아닌, 자신의 실상이 '세상을 비추는 밝은 등' 곧, 부처·보살(=무아)임을 알고 만들어가는 것이다.

　=>그러므로 '자(自)'를 의지 한다는 것과 '타(他)'에 의지 한다는 것은, 자와 타가 별개의 것이 아니라 자 = 타 = 자+타의 개념이다. >

< <금강경 -혜능 -발심>
:나무꾼이었을 때의 혜능이 길거리를 지나가다가, 어떤이가 읽는 금강경의 한구절을 듣고는 즉시에 깨달음을 얻게 되는데, 왜 나는 그러한 내용을 다 알고 이해하면서 금강경의 같은 구절을 수없이 읽어도 혜능처럼 깨닫지 못하는가.

비유하면,
　-권총--총알이 장전 됨 -->방아쇠를 당기기만 하면 발사됨.
　-우리가 간과하고 있는것--금강경을 들려준 사람
　　　　　　　　-->방아쇠를 당겨보라고 일러줌.
　　　　　　　　당겨보면 알거다라고 촉발.
　-이미 준비되어 있는 사람에게--촉발자의 도움==>'인+연'(복력이다)

-그러나 아직 준비되지 않은 사람(권총도 총알도 없다)은 '인+연'의 복력을 얻을 수가 없다.

　　--->아무리 금강경을 들려줘도 깨닫지 못한다. 즉, 방아쇠를 당겨보라고 해도 총이 없으니 손가락만 움직일 뿐이다. 그러니 지금 먼저 총을 만드는 것부터 시작해야 한다.102)　>

---

102) ①성경에서 '준비된 자'의 표현.

　마태복음7:7. "구하라 그러면 너희에게 주실 것이요, 찾으라 그러면 찾을 것이요, 문을 두드리라 그러면 너희에게 열릴 것이니, 구하는 이마다 얻을 것이요 찾는 이가 찾을 것이요 두드리는 이에게 열릴 것이니라. Ask and it will be given to you, seek and you will find, knock and the door will be opened to you. For everyone who asks receives, he who seeks finds, and to him who knocks, the door will be opened."

② 천수경에서 '준비된 자'의 표현.

"道場淸淨無瑕穢 三寶天龍降此地 我今持誦妙眞言 願賜慈悲密加護
　온도량이 깨끗하여 더러움이 없사오니
　삼보님과 호법천룡 이도량에 내리소서
　제가이제 묘한진언 받아지녀 외우오니
　대자비를 베푸시어 항상살펴 주옵소서"

　--->여기서 '도량'은 사찰을 말하는 것이 아니라 '나'를 가리키는 것이고, '묘한 진언 받아 지닌 나'는 청경(靑頸·닐라깐타)이라 이름하는, 일체의 이익을 성취하고 안녕과 승리를 가져오며, 일체중생의 삶의 길을 청정하게 하는 '흐리다얌(hṛdayaṁ:마음의 진언)'을 실천하고 있는 '무아의 나'인 것이다.

[천수경(千手經) 신묘장구대다라니(神妙章句大陀羅尼) 中.

"끄리뜨바 이맘 아리야발로끼떼스바라 스따밤 닐라깐타 나모, 흐리다얌 아바르따이씨야미 싸르바르타 싸다남 슈밤 아제얌, 싸르바부따남 바바 마르가 비슛다깜(kṛtvā imam āryāvalokiteśvara

<<타3 -만나러 가는 것>

①우리스님, 우리목사, 우리절, 우리교회를 믿지 말고, 예수를 부처를 믿어라.[103]

---

stavaṁ Nīlakaṇṭha nāma, hṛdayaṁ vartayiṣyāmi sarvārtha sādhanaṁ śubhaṁ ajeyaṁ, sarva bhūtānāṁ bhava mārga viśodhakam).

이렇게 자비로운 성관자재께 귀의하고 찬탄하면서, 청경(靑頸·닐라깐타)이라 이름하는, 일체의 이익을 성취하고 안녕과 승리를 가져오며, 일체중생의 삶의 길을 청정하게 하는 마음의 진언을 닦겠습니다."]

==>손 모아 비는 잘못된 기도가 아니라, 올바른 기도(祈禱 = 示 + 斤 / 示 + 壽 =>유아→무아)를 통해 실천하며 준비하는 자만이 공덕을 만들게 되는 것이다. 금강경의 한 구절을 듣고 즉시에 깨달음을 얻었다는 혜능은 이미 준비된 자라고 할 수 있다.
예컨대 비유하자면 운동장 또는 지구크기만한 자동차가 있다고 하고 그 키구멍은 바늘만하다고 해도, 세분해 나누어서 키구멍을 찾으면 반드시 찾을 수가 있는 것이다. 그런데 키를 들고 키에 절하거나 자동차에 절해봐야 문이 열릴 수가 없는 것이다. 하나의 예를 더 들자면, 구덩이에 빠진 수레를 놓고 빼달라고 손 모아 비는 잘못된 기도만 하는 자와, 불평하더라도 수레를 빼내기 위해 노력하는 자가 있을때, 만일 신통한 부처님이 계시다면 누구의 수레를 빼어주겠는가. 당신에게 손모아 비는 자가 아닌, 실천하는 자에게 반드시 공덕이 있는 것이다.
103) 이절저절 부처님, 이교회저교회 예수님이 다른게 아니다. 그러니 우리가 진정으로 석가모니와 예수그리스도를 믿는다고 한다면, 나자신이 김가모니·이가모니·박가모니...가 되어야 하고, 김그리스도·이그리스도·박그리스도...가 되어야 한다. 그렇게 될 수 있

②절에 간다, 교회 간다가 아니라 부처, 예수를 만나러 간다.
무아의 나(인+연)가 되기 위해 절에 가고 교회에 가야 할 것이며, 내 자신이 절이 되고 교회가 되어야 할 것이며, 내가 있는 곳이 가는 곳이 절이 되고 교회가 되어야 할 것이다.

③부처· 제석· 자재천· 비구· 비구니· 우바새· 우바이· 장자· 거사· 바라문· 부녀의 모습을 한 부처를 만나러, 천· 용· 야차· 건달바· 마후라· 아수라· 가루라· 긴나라의 모습을 한 부처를 만나러 절에 가야 한다.[104] 또, 이런저런 모습을 한 예수를 만나

는 나자신에 대해 확신을 가지라. 인간으로 났으니 비슷끄리 짝퉁 부처라도 되어야 할 것 아니겠는가.

104) *신중기도의 의미
신중(神衆)은 고대인도의 신화 속의 신들이었으나, 부처님에게 귀의하고는 불법을 수호하겠다는 서원으로 호법신중(護法神衆)이 된 존재들을 말한다. 예불시에 신중단에 마지를 퇴공하는 것도 부처님과 일체법계와 일체중생들이 공양한 뒤에야 공양하겠다는 신중들의 서원을 의미하는 것이다. 지장보살이 지옥에 빠진 중생을 다 건지기 전까지는 부처가 되지 않겠노라고 서원하는 것과 같은 의미이다.
보통 신중기도를 한다고 할 때 음력으로 한해의 시작점인 정초나 한달의 시작점인 초하루 첫날에 신중에게 예경을 한다. 그것은 신중기도가 신통방통·재수대통·사업번창의 화엄성중이 아니라, 나도 신중들처럼 굳건한 믿음으로 불법을 수호하고, 서원을 일으키며, 그러한 보살의 마음을 다른 사람들에게도 전하면서 일년을 한달을 이와같이 살겠다고 서원하는 기도가 되어야 하기 때문이다. 일반적으로 사찰에서 하는 형태의 소원성취 축원기도 달랑 올리고 한달뒤에 또 보는 것이 아니다.
신중104위라는 것도 104명의 신중이라는 숫자적 의미가 아니라, 백(百)은 가득찬 수로서 '모두', 4(四)는 사방팔방의 의미로 '어디

러 교회에 가야한다.

④부처와 예수가 목적이 되어야 하는데, 절과 교회가 목적이 되어서는 안된다.

⑤영험이 거기 있어서 하나 얻으려 가지러 가지 말고, 마음속에 번뇌 있어 그곳에 내려놓으러 가지 않아야 한다.
그곳에는 나와 같은 부처님 보살님이 어떤 모습 보이시나, 그래서 나도 그 부처님 보살님의 바른 모습을 닮아오겠다고 가야한다.

─────────────

에나'이니, 신중이 모든 시방에 가득차 있다는 의미가 담겨있는 것이다. 그러니 나자신도 신중이 아니겠는가. 화엄(華嚴)은 잠깐 피었다가 지는 꽃이 아니라 영원히 지지않는 진리의 꽃이다. 신중 기도를 한다고 할 때 무엇을 기도 할 것인가를 생각지 말고 어떻게 기도할것인가를 생각하여야 한다. 104위기도니 약찬게기도니 해서 이름이나 게송을 철야하며 외는 것이 기도가 아니다. 그런 것을 기도라고 하면서 온갖 명목을 붙여 만들어 돈을 갖고 오게 하는 자들이야 말로 마구니들인 것이다. 또 서울의 모 큰 사찰의 법당 앞의 큰 나무도 부처님을 호법하겠다고 몇백년 서있는 신중이겠는데, 해마다 온 나뭇가지에 돈으로 욕망의 등을 층층으로 달아 누르고 소원성취 한다고 좋아들 하니, 졸지에 성황당이 된 나무신중이 울고 있음을 보지 못하고, 그 과보를 두려워하지 않는 자들의 사악한 행위를 개탄하지 않을 수가 없다.

그러니 진정한 기도를 하는 이라면 그런 자들을 분별해낼 수 있는 지혜를 갖추고, 재물이나 소원성취가 아니라 내가 영원히 지지 않는 화엄의 꽃이 되어야겠다고 기도해야 한다. 신중이 무엇을 해주는 것이 아니라 나자신이 화엄신중이 되어가면서 이루어지는 것이다. 명심하여야 한다. 그렇게 언제나 처음의 마음으로 재일의 의미를 새기고 전법을 하라.

⑥참회하러 가지 말고 잘 먹고 잘사는 방법을 배우러 가야한다

그러면 애초에 참회할 일이 없다. 참회가 저절로 된다.

지은 업을 잘못했다고 비는 것이 참회가 아니다.

진정한 참회는 지금의 '나'가 과거에 작용한 인(因)으로 현재 생겨난 과(果)에 대한 원인을 자세히 살펴 알고, 그를 통해 지금의 '나'를 '무아의 인+연'으로 만들어가고자 하는 것이다. 단순히 참는 것으로만 잘못 이해되고 있는 인내와 인욕의 차이도 그와 같다.105)

⑦잘먹고 잘사는 방법을 가르침대로 그대로 왜곡 없이 전달해야할 의무

--> 그것이 승려, 신부, 목사의 의무이다. 그런데 많은 경우 부처님, 예수님의 가르침을 전달하는 것이 아니라 왜곡된 자기 말이나, 아무 쓸모없는 쓰레기 같은 말을 법문이나 설교인 것처럼 하고 있다. 승려가 말한다고 다 법문106)이 아니고, 목사와 신부가 말한다고 다 설교가 아닌 것이니, 착각하면 안 된다. >

---

105) ①인내(忍耐): 괴로움이나 어려움을 참고 견딘다는 의미.

　②인욕(忍辱): 참는다는 뜻이 아닌 아무런 원망을 일으키지 않는 상태를 말한다. 더 나아가서 어떤 일에도 희로애락이 없고 동요됨이 없는 부동심(不動心)으로, 사물의 본성이 평등무이(平等無二)함을 깨닫는 해탈에까지 이르는 의미를 지닌다.

106) 법문(法門) = 보문(普門) -->진리의 문. 문(門)이 아닌 나를 지칭.

①보문(普門) --소통의 문으로 내가 곧, 문 자체가 되어 가는 것. 문이 넓고 좁은 것이 아니라 내가 넓고 좁아진다.

　-->진리의 내가 넓고 좁다.

②법문(法門) --법문을 듣는다 할 때. 누구 얘기를 듣는다는 의미가 아니라, 내가 진리의 문(門)이 되어가는(聞: 알다·깨우치다) 것이다.

<<測字破字로 본 인간(人間)에 대한 정의>

① 佛 = 人 + 弗 -->사람이 아니다?
      ==> 유아의 나가 아니다 = 무아의 나

② 人間 = 人+ 門 + 日 --> 人과 佛의 중간적 존재(문 사이에
                                        있는 부처의 존재)

人 -> 人間 -> 佛

人------------------------人間
유아(본능적·욕망적 존재)   무아로 가는 존재(육문(六門)을 열
                                  고 닫음을 조절할 줄 아는 존재)

  人 ---> 人 + 弗 로 된다
        -->人, 즉 사람이 아니라는 뜻이 아니라 人相을 벗
      어나 무아의 나가 됨.

③ 門
  --Dvara(드와라). 根---대상이 들어 올수 있는 곳. 경계라고도
          볼 수 있다.
  --눈도 문, 귀도 문. 안이비설신의 육근이 모두 문.

  ==> 人間이란 사람'人'이라는 영장류의 본능적·욕망적 존재가,
'門' 곧 눈의문 귀의문 등, '안이비설신의' 육문(:六根)으로 들어오
는 모든 현상을 바로 보고(모든 것이 마음과 물질뿐이라는 것을
알아차리고, 유신견에서 벗어나 아트만·에고·영혼이 없다는 사실

을 받아들임) 그 문을 열고 닫음을 조절할 줄 알아, 마침내 모든 것의 근원이 '日' 곧 대일여래(근원법계에 합일)임을 발견하여, '人'이 아닌 존재, 곧 '人 + 弗 = 佛'이 될 수 있는 중간적 존재, 즉 유아에서 무아로 가는 존재가 인간이다.

그런 관점으로 부처님께서 시가라월에게 말씀하신 '육방예경(六方禮經)'을 본다면, 살아감에 있어서는 사람과 사람사이의 윤리나 도덕, 생활의 지혜에 대한 가르침이겠으나, 가르침에 담긴 근본 뜻은, 육근의 다스림과 통찰에 대한 존재인식과 자신의 근본자리에 대한 방향을 말씀하신 것이라 할 수 있다.

유일신적인 창조관에서는 인간은 신에 의해 이미 만들어진 완성된 존재이지만, 불교적 연기관에서는 인간은 법계안에 존재하는 상대들과의 관계속에서 만들어가는 변화하는 존재이다. 따라서 육방예경은 그런 변화하는 존재에 대한 인식과, 그 존재가 변화해가야할 방향에 대한 부처님의 애정 어린 가르침인 것이다.

그래서 우리의 삶에는 끊임없는 AS가 있어야 한다. 왜냐하면 우리는 끊임없이 변화해가는 존재이기 때문이다. 그리고 그 변화는 부처님에 대한 절대적 믿음이 변함없는 변화인 것이다. 그렇기 때문에 그 AS는 부처님이나 다른 어떤 절대적인 신이 해주는 것이 아니라, 바로 나를 만들어가는 나와 너가 해야 할 일인 것이다.(부처님은 우리에게 완성된 인생을 준 것이 아니라 인생의 재료로 만드는 법을 알려줌--지지고 볶든, 프라이를 만들던 뭘 하던 그건 자신의 몫이다.)

부처님은 시가라월을 통해 우리에게 이렇게 말씀하신다.

"너의 여섯 가지 문에 닿는 모든 인연(부모 자식 부부 스승 친지 친구 동료 이웃...) 들에 끝내주는 AS를 해라. 마침내 그 문(普門)을 통해 진정한 너를 만나리니!" >

<<육방예경(六方禮經)>

 : 시가라월이 아버지의 유훈으로 동서남북상하의 여섯 방위를 향해 의미 없이 예배할 때, 부처님께서 그런 짓을 하지 마라 하는 대신에, 육방에 예를 하는 의미를 규정하시고, 세상을 살아가는 도리와 지켜야 할 윤리덕목을 여섯 가지로 간추려서 설하심.(장아함경 11권 16 '선생경(善生經)')

* 육방을 통하여 예배하고 존중할 대상 *

1) 동쪽 -> 부모와 자식 간의 윤리 문제
  ①자신의 생명존재의 근원이라고 할 수 있는 부모에 대한 예배와 공경.
  ②부모는 자식을 올바르게 가르쳐야 되고, 자식은 부모를 공경심으로 대할 것.
  ③부모는 부모로서의 의무를 다해야 하는 반면에, 자식은 부모에 대한 의무를 다해야 한다는 가르침.
  ④특히 주목되는 것은 부모의 역할에 관한 언급인데, 경쟁과 성적 위주의 교육에 치중한 나머지, 정작 중요한 전인교육으로서의 윤리적 측면의 중요성을 소홀히 하고 있는 현실 앞에서 강조되어야 할 덕목이다.

2) 서쪽 ->부부간의 윤리 문제
        ->더불어 사는 가족에 대한 지고한 사랑과 소중함을 예배
  ①남편으로서 아내를 예배
   ⓐ아내를 마음으로 존경, 타인 앞에서 경멸하지 말 것, 난잡한 행동을 해서는 안 되고, 가사를 처리할 수 있는 권한을 주고, 몸을 아름답게 할 수 있는 장신구를 사주는 등 다섯

가지의 의무.
ⓑ아내에 대해 예배하는 것, 남편으로서의 의무, 예절로써 대하고 위신은 지키며, 항상 의복과 음식을 넉넉히 대어주고 집안일을 믿고 맡겨야 한다.

②아내로서 남편을 예배

: 가사(家事)를 잘 정돈하고, 일꾼들에게 친절히 하며, 정숙하여 재산을 잘 지키고, 모든 일에 대해 교묘하며, 또 근면하고, 항상 먼저 일어나고 뒤에 앉으며, 말을 부드럽게 하고 잘 순종하며, 남편의 뜻을 먼저 알아 받들어 행해야한다. 아내가 이와 같이 남편을 받들어 공경하면 남편은 편안하여 아무 걱정이 없을 것이다.

3) 남쪽 ->자신을 향상시켜 준 스승, 사제 간의 윤리
         ->삶의 전반에 대한 가르침, 지식을 일깨워 준 스승.
 ①스승에 대한 존경을 상실한 데서 오는 불행
        -->부처님의 가르침과 같이 스승에 예배
 ② 스승 -->올바른 지도편달을 해야.

4) 북쪽 ->친족, 친구, 도반간의 윤리, 이웃
 : 일생의 동반자로서 그리고 선의의 경쟁자로서 좋은 벗을 가지고 있음을 감사. 사섭법에 근거하여 설명하고 있다. 특히 서로를 속이지 말라는 말로 시작하는 것을 보면 친구지간에는 성실보다 더한 행동은 없고 진실보다 더한 말은 없다.
 '물건을 나누어 쓰고 말을 인자하게 하며, 이익을 주고 이익을 같이하여 속이지 않아야 한다. 이와 같이 친족을 공경하고 가까이하면 친족은 편안하여 아무 걱정이 없을 것이다.'

5) 아래쪽 ->나의 일을 도우는 고용인, 아랫사람들에 대한 예배

->모든 일의 성취는 혼자만의 힘으로 이루어지는 것이 아님.

①고용자

:능력에 맞게 일을 시켜야 할 것이며 항상 음식을 대어 주고, 수시로 노력의 대가를 치러 주며, 병이 나면 치료해 주고 가르쳐 주어야 한다.

②피고용자

:일찍 일어나고 일을 정성껏 해야 하며, 주지 않는 것을 가지지 않고 순서대로 일을 하며 주인의 덕을 널리 칭찬해야 한다.

---->불교적인 생명평등사상

6) 위쪽 ->정신적인 종교 지도자 사문, 종교인과 신도들 사이에 지켜야할 윤리

->현실적인 지식뿐만 아니라 정신을 향상시켜서 깨달음에 이르게 하는 부처님을 만나게 된 것을 무한히 감사하고 예배.

①시주자

: 행동이 친절하고 말이 인자하며, 마음이 자비스럽고 때를 맞추어 보시하며 문을 잠그지 않는다.

-->부처님을 공경하듯이 출가자들을 존경해야.

②출가자

: 악으로부터 신도들을 보호하여 나쁜 일을 저지르지 않게 하고, 좋은 것을 가르쳐 착한 마음을 가지게 하며, 듣지 못한 것을 듣게 하고, 이미 들은 것은 잘 이해하게 하며, 천상에 나는 길을 알려주는 일이다. 이러한 의무는 남녀노소 상하 관계에 있어서 일방적인 것이 아니라, 맹목적인 종교행위가 아닌 현실적이고 합리적인 사고 위에 종교적 행위의 의미를 부여하고, 삶의 조화를 극대화한다. >

2章. 삼법인(三法印)과 '무아(無我)의 나'

Ⅰ. 선18 -삼법인의 삶(새로움(new) -변화 -행(行) ==>열반)

1. 제행무상(諸行無常)

①인생무상 ->어떤 느낌을 갖는가? -->슬픔? -->진짜는 기쁨이다.

②무상이란 허무나 덧없음이 아닌 항상함이 없는 것, 즉 새로움 (new)이다.
따라서 인생무상(人生無常)이란 인간의 삶은 늘 새로움의 연속이라는 의미로 해석된다.[107]
모든 이치가 그렇게 늘 새로움의 연속이다 =>제행무상

2. 제법무아(諸法無我)
:무상한 새로움의 세계 속에서 '나'는 항상 새롭게 변화해간다.
　--->나의 실체는 고정된 것이 아니다. 즉, 나는 만들어진 것(이미 만들어져 완성되어 고정된 존재)이 아니라 만들어 가는 것, 변화하는 존재다.

---

107) 출가의 동기 ⇒ 인생무상을 느껴서 출가했다고 하였으나, 정확하게는 '인생무상(人生無常)'이 아니라, '인생유상(人生有相)'이 맞는 말이다. 즉, 늘 새로움의 연속인 무상(無常)을 알았던 것이 아니라, 그 새로움의 세계와 무아를 알지 못하고, 갇혀있는 유상(有相)에서 벗어나지 못했던 것이다.
유상(有相)→고(苦), 무상(無常)→New

3. 行 - 어떻게 만들어가고 변화하는가

①퍼즐(puzzle) 맞추기의 비유

: 퍼즐 맞추기와 같이 법계의 요소들과 부분들이 맞춰지는 것이다. 즉, 퍼즐에서 짝을 맞추려면 곧바로 제자리에 맞출 수도 있고, 다른 자리에 임시로 놓였다가 다시 제자리를 찾아서 맞출 수도 있다.

그런데 여기서 임시로 놓인다는 것은 정확히 맞추기 위한 필수적인 방법이다.

따라서 육도(六道)의 윤회를 이 같은 개념으로 생각해 볼 수 있다. 즉, 법계정품(法界正品)으로 가기위한 임시방편으로의 개념이다.

②법계를 구성하는 정품(불량품이 아님 ->불량품일때 윤회)이 될 때 =>열반적정(만들어감의 완성)

4. 삼법인의 삶

①그러므로 삼법인의 삶은 현실을 바르게 보고 긍정적·합리적 삶을 실천하는 것이기도 하지만, 근본적으로는 자기자리(위치)를 찾는 것이다. 곧 법계의 정품이 되는 것이다.(자동차의 부품들이 모여 제자리를 찾아 조립되어 자동차가 완성되는 것과 같다)

즉, '무아의 나'가 되어 부처가 되고 싶으면 부처가 되고(법계의 정품으로 법계의 부분이면서 전체가 된다), 그것이 싫으면 '나(중생)'의 수준에 맞춰서 부자도 되고, 학자도 되고, 좋은남편, 좋은아내, 좋은자식, 좋은부모...등을 만들어가는것이 법계의 정품이 되어가는 것인데, 예컨대 여기서 좋은남편이 된다는 것은 아내에게 옷, 화장품 잘 사주는 그런 남편이 되라는 단편적인 말이 아니다.

(물론 이것도 필수적인 일이다.) 부처님께서 시가라월에게 말씀하신 육방예경108)의 가르침 속에는 세상을 살아가는 도리와 지켜야 할 윤리덕목들이 자세하게 설해져 있고, 그러한 가르침의 궁극적 목적은 법계정품으로의 완성이다.

즉, '무아의 남편(좋은 씨의 인)'이 되어 '무아의 아내(좋은 씨의 연)'와 법계의 예의로 결합되어야 한다는 의미이다. 좋은아내도 옷 잘 입고 섹시하게 예쁘게 잘 보이라는 것이 아니다. '무아의 아내(좋은씨의 인)'가 되라는 것이다.109)

같은 인의 씨라도 어떤 연의 씨를 만나느냐(결합되는가)에 따라 만들어지는것이 달라진다. (ex: 우음수--우유↔사음수--독. 이산화탄소--탄산음료↔일산화탄소--중독사망. 수은--아말감, 머큐롬, 결핵치료, 매독치료↔수은중독)110)

---

108) 1장 '불교의 이해' p.90. <測字破字로 본 인간(人間)에 대한 정의> 참조.

109) 이것은 소위 작금에 잘못 이해되고 말하여지는, 욕심을 버리고 아무것도 소유하지 않는다는 잘못된 무소유적 개념이 아니다. 즉, 수단과 목적을 소유의 개념으로만 이해하여 그것의 취사(取捨)에 부처님의 가르침이 들어있다고 착각하는 것이 그것이다. 1장 '불교의 이해' p.69. <돈의 필요 의미> 참조.

110) *점쟁이의 궁합과 부처님의 궁합
대체로 부부가 될 두 사람이 잘 맞겠는지 아닌지를 맞춰보는 방법을 궁합이라고 하는데, 점쟁이들이 보는 궁합은 대개 이러하다. 예컨대 점쟁이에게 A라는 사람이 A와 B라는 사람 중에 누가 나에게 맞겠는가하고 묻는다면, 네가 A이니 A가 잘 맞겠다하는 것이다. A는 A와 맞고 B는 B와 맞는다는 논리인 것이다. 그런데 만일 부처님이 계셔서 궁합을 보신다면, 이렇게 말씀하실 것이다. '네가 A이니 너에게는 없는 B를 만나서 없는 것을 채워 네가 AB가 되어 가도록 해라. 만일 C라는 아이가 생긴다면, 서로가 없는 것을 채워 ABC를 만들어 갈 것이니, 이 세상에 왔을때는 각기 A

그렇게 좋은·훌륭한 '무아의 씨', 즉 좋은因의 씨앗, 종자가 되어야 좋은緣의 씨에 수준이 맞을 것이며 그렇게 훌륭한 수준에 맞도록 노력하는 것이 법계의 예의(올바름)이다.111)

따라서 현실의 삶속의 모든 생활이 바로 그렇게 되어야 하는 것이다.(팔정도로 실천)

예컨대 승려가 주지이면서 교수이다. 그런데 그는 왜 주지를 하는가? 왜 교수를 하는가? 왜 논문을 쓰는가? 올바른 답은 그것이 무엇이든 승려가 하고자 하는 근본적 목적은 부처가 되기 위함이다. 그런데 근본자리(승려의 위치)를 잊고, 보이는 자리(주지, 교수, 부, 명예...)가 자기 자리인줄 알게 되면112) 열반(법계정품· 무

와 B와 C라는 한가지로 왔으나 다시 가고 올 때는 ABC라는 존재가 되어 가서 오리라.'

이렇게 궁합이란 맞느냐 안맞느냐를 따지는 것이 아니라, 서로 부족한 것을 알아서 부족한 것을 나누어 완전하게 되는 방법을 알려주는 것이다. 그처럼 인연의 법이 그러하다.

111) 속담에 '똥 밟으면 재수가 좋다'라는 말이 있다. 만일 정말 그렇다한다면 왜 그런가? 우선은 내가 밟음으로써 다른 사람이 안 밟게 되고, 그곳이 깨끗이 치워지며, 또 만일 숲 같은 곳이라면 밟은 똥은 여기저기 문대져서 거름이 되니, 좋은 일을 만드는 씨앗이 된 것으로, 좋은 행위로 인해 공덕이 따라 올수밖에 없다. 이렇듯이 불교적 해석이 매우 중요하다.

112) 이러한 이들은 자신을 승려라고 말하기보다는 '주지'나 '교수', 또는 완장의 이름으로 자칭한다.

　　*진정한 사회적 지위(true social position)
　　　　--내면의 위치 <==> 외면의 위치
　　　　--외면의 위치만 지니고 있을 때 인정받거나 존경받지 못한다.
　　　　　　-->완장은 대통령이지만 내면은 아니라면, 결국 아닌 것이다.

상정등각)은 어렵다.113)

    ––내면의 위치와 외면의 위치가 다름이 없이 일치해야한다. 그러니 만일 여러 가지 타이틀을 가지고 있다면 하나만 해라. 그리고 그 하나는 반드시 승려가 되어야 할 것이니, 스스로 자신을 잃어버리지 말고, 내가 무엇 하는 사람인가 본질을 파악해 알아야 할 것이다. 만일 본인이 정말 잘났다고 생각한다면, 겨우 승가 안에서 타이틀을 가지고 유명세를 얻어 살려고 하지 말고, 승복을 벗고 밖으로 나가 뛰어난 사람들과 경쟁하고 연구하면서 훌륭한 업적을 만들며 살면 된다.

113) 요즘에는 닭 한마리를 키우는데 필요한 공간은 딱 A4용지 크기만큼만 있으면 된다고 한다. 이렇게 A4용지 크기의 닭장에서 자란 닭이 어떠하리란 것은 저절로 예상이 된다.
그와 비슷한 예가 한국사회에 있는데, 바로 고시공부이다. 판검사가 되기 위해 고시원에서 트레이닝복입고 공부해서 사법고시에 합격하여 판검사가 되었다고 한다면, 기실 그 사람의 가치관과 세계관은 고시원의 공간을 벗어나지 못한다. 한마디로 닭장판검사인 것이다. 그런데 이런 사람들이 다른 사람의 살아온 인생을 판단하고 생사여탈을 판단하고 있는 것이 현실이니 그 얼마나 위험스런 일이겠는가. 지혜가 아닌 지식의 공부에 갇혔다가 다시 연구실에 갇히는 닭장박사들이나 환경이나 인맥에 갇힌 여러가지 닭장부류들도 마찬가지이다. 그런데 더한 문제는 그런 사람들이 나중에 정치를 한다고 국회의원, 장관, 총리, 대통령을 한다는 것이며, 교육을 한다고 교수, 총장을 하고 있고, 기업이나 재벌의 리더를 하고 있으며, 종교단체의 사제와 수장의 자리에 앉아서 말 그대로 어린 아이도 안하는 상식 이하의 행태들을 보이고 있다는 점이다. 세계관이나 가치관이 닭장속지식의 한계를 벗어나지 못하기 때문인데, 이러한 자들이 이렇게 사회와 국가의 리더로 자리하고 있으면 그 사회와 국가는 어떻게 되겠는가. 한 예로 단순한 지식의 오류는 공부를 많이 했다는 박사, 판검사, 정치가등의 사람들이 초등학교 그러므로 승려는 승려가, 교수는 교수가, 정치가[114]는 정치가가, 남편은 남편이, 아내는 아내가...될 때(왜 나는 승려가 되었나? '무아의 승려'에 대한 본질적 물음이 있어야) 근본의 자리(곧 불성)를 찾는다.[115]

도 제대로 못나온 당달봉사 점쟁이 무당을 찾아가서 '나 앞으로 어찌 되겠소' 하고 묻고는 저 보다 비교대상도 되지 못하는 못난 자들에게 휘둘린다는 것이고, 학계에 논문은 그리 많이 작성되지만, 창의성 하나 없는 말 그대로 A4용지 규격화로 한계를 그어버림으로서, 그저 자격증 따기 위한식의 별 쓸모없는 논문생산에 그칠 뿐 노벨상 하나 못 받는 수준에 머물고 마는 것이다. 더 큰 문제는 이런 지식의 오류 등이 정당화 되어 근본자리의 오류로 번져갈때, 어디에고 희망이 없는 사회가 될 수도 있다는 것이리라.

114) 왕조시대의 임금이나 현시대의 대통령(실제는 내가 위임한 대리인에 불과하다)을 흔히 하늘이 내린다고들 말하였다. 그런데 하늘은 실수를 하지 않는 바른 법칙 자체이니, 바른 왕, 바른 대통령이 나와야 하는 것이 이치인데, 왜 바르지 못한 자들이 왕이 되고 대통령이 되기도 한 것일까? 그것은 인간의 욕망이 하늘을 거스르기 때문이다.

115) 이러한 이해가 '山是山　水是水　山不是山　水不是水　山祇是山　水祇是水'의 현실적 표현이 아닌가 한다.
『속전등록(續傳燈錄)』제22권, 大正藏51, 614b29~614c04, 청원 유신(靑原　惟信: 唐 8c). "吉州靑原惟信禪師上堂 老僧三十年前未參禪時 見山是山　見水是水, 及至後來親見知　識有箇入處 見山不是山　見水不是水, 而今得箇休歇處 依然 見山祇是山　見水祇是水, 大衆這三般見解是同是別.
길주청원유신선사가 법상(法床)에 올라 말하기를, 노승이 삼십년 전 아직 참선 하지 못하였을 때에는, 산을 보면 산이요 물을 보면 물이었고, 훗날에 이르러 선지식을 친견하고서 어떤 경계에 들어서니 산을 보면 산이 아니고 물을 보면 물이 아니었으나, 이제 와

②정품이 돼야 쓰임새(법계를 구성)

따라서 법계의 메커니즘이 정품에는 저절로 오게 된다.(이것이 복(福)116))

--->부품 하나하나가 꿰맞춰짐으로서 작동이 된다. 그리고 작동함으로써 여러가지 많은 결과를 발생시킨다.117)

서 쉬고 멈춘 어느 경계에 들어 예전과 같이 산을 보니 다만 산이요 물을 보니 다만 물이로다. 대중들은 이 세가지 견해가 같은가? 다른가?"

==>상(相)을 깨뜨림(유아->무아)

산-> 산´-> 산,   물-> 물´-> 물

나-> 나´-> 나,   이름-> 이름´-> 이름

아인중생수자-> 아인중생수자´-> 아인중생수자

116) 福 = 示 + 一 + 口 + 田

==> 一(天) + 口(人=六門) + 田(地)

--->그러므로 福은 天地人이 조화, 일치되어 바르게 나타난 (示) 것을 말한다.

117) 메커니즘 밖의 존재는 메커니즘을 이해하지 못한다. 그러나 그 메커니즘에 속하게 되면(부처가 되면, 정품이 되면) 저절로 그 구조를 알게 되고 작동한다.(운전자가 자동차의 구조를 알면 같은 자동차라도 조종이 달라진다)

5. 어떤 방법으로 만들고 변화하는가[118]

①새로움(new) - 변화 - 행(行) ==>열반이 거기 있다.

②사성제는 무상·무아·열반의 다른 표현이다.
    --> 고집멸 → 도　===　도 → 고집멸[119]
  (괴로움의 원인부터　　　　　(먼저 팔정도의 실천으로
  파악하고 팔정도의 실천)　　　고의 원인을 알고 제거)

---

118) 나를 변화하기가 쉽지 않던 지난 시기에는, 나를 언제나 새롭게 보이게 하는 하나의 방법으로, 7:3의 법칙, 즉 나의 7을 드러내고 3을 숨기는 신비주의로써 질리지 않고 끊임없이 나의 새로움을 유지하는 트릭(trick)의 방법을 쓸 수도 있었다. 그런데 현시대는 이제 5:5의 법칙을 필요로 하는 변화의 시점에 이르렀다. 그리고 여기서 5:5란 과거시기의 7과 3으로 정해진 한계 속에서 드러내고 숨김이 아닌, 아직은 '유아의 나'인 오온(五蘊)으로 존재하는 완성되지 않은 절반의 5인 나를, 오방(五方), 곧 시방세계에 바르고 가득하게 끊임없이 생성해가는, 오온이 공(空)함을 통찰하는 5의 반야지혜로 변화하여, '무아의 나'인 한계가 없는 무한의 10으로 완전하게 만들어가는 진리의 실천행이다.

119) 사성제는 인간의 존재양식을 가르친 것으로 고(苦)·집(集)·멸(滅)·도(道)의 네 가지 거룩한 진리를 말함인데, '제(諦)'란 진리로써 인식의 대상이다. 즉, 인간존재의 모든 것이 '고(苦)'라고 보는 것이 '고제(苦諦)'로, 고가 쌓이는 원인을 규명하는 것이 '집제(集諦)'이며, 이것을 아는 것으로 끝나는 것이 아니라 실행이 따라야 하는데 이 실행이 팔정도라고 말한다. 즉, 팔정도는 사정제의 인식에서 나오는 행위를 통해 세계를 이탈하고 열반으로 들어가기 위한 규범이다.

③인과(인과업보=업인과보)는 연기의 다른 표현이다.
④삼법인을 알고 ->팔정도 -십바라밀
　　　　　　　　　-십지(十地)
　　　　　　　　　-기도, 경전(經典)
　　　　　　　　　-선법(禪法)

Ⅱ. 선25 -제법무아 -내가 무엇이든 될 수 있다

1. 나라는 실체가 없다는 것

-무아(無我)는 '내가 없다'는 의미이지만, 적확(的確)하게는 '내가 없다'는 의미보다는 '내가 아니다'라는 개념이 더 근접하다.
즉, 지금의 이미 만들어져 완성된 번뇌에 쌓인 나는 내가 아니고, 아직 만들어지지 않은 '무아의 나'인 나가 '진실한 나'다 라는 의미이다.[120]

-곧 연기적 관점에서 나가 너요, 너가 나요, 내가 산이요, 물이요, 바람이요, 모든 현상존재가 되는 것이다.[121][122]

---

120) 人 - 人間 - 佛을 불교적 관점으로 본 유아와 무아의 개념. 1장 '불교의 이해' p.90. <測字破字로 본 인간(人間)에 대한 정의> 참조.
121) 예전에 미국에서 잠시 수행하고 있을 때, 미국인 거사들과 무아의 개념에 대해 이야기하다가, '무아의 관점에서는 당신이 태양이기도 하다.' 라고 했더니, 묻기를 'then, why my body is not hot, bright? 그러면 내 몸은 왜 뜨겁지 않고 밝지 않은 것인가?' 라고 하였다. 유머로 'Yes, your arms are thick. 그래, 니 팔뚝 굵다.' 라고 하면서 여러 이야기를 나누었는데, 불교이든 어떤 것이든 사유에 대한 그들의 진지함은 매우 놀랄만하다. 한국에서 사찰의 신도들의 경우 대개 그렇게 진지한 질문을 하지 않는다. 그것이 알기 때문에 안하는 것인지 모르기 때문에 안하는 것인지는 분명하지는 않지만 말이다.
122) 예컨대 '나는 달이다'라고 했을 때 그 말은, 무아의 관념적(觀念的) 관점에서는 하늘에 떠있는 달은 거울에 비친 나의 모습으로, 내가 나를 스스로 보지 못하기 때문에 나를 비춘 달의 모습

그러므로 무아란 내가 없다는 것이 아니라, 내가 무엇이든 될 수 있다는 것으로 연기의 다른 표현이라고 말할 수 있다.

2. 인간과 인간의 관계 속에서 내가 무엇이든 된다는 것

예컨대 내가 남편이요, 아내요, 부모요, 자식이요, 친구요, 원수요...등등이라 할 수 있다. 그런데 왜 나 자신의 상(相)에 나 스스로가 희로애락을 갖는가? 그것은 마치 거울 속에 비친 나의 모습에 남인 것처럼 희로애락을 표현하는 것과 같다.

을 보고 나를 본다라는 표현이겠으나, 무엇이든 될 수 있다는 무아의 현상적(現象的) 입장에서는 만일 나는 언제든지 달에 갈수 있다고 한다면, 그 의미는 내가 곧 달 자체이기 때문이라고 해야 할 것이다.

Ⅲ. 미1 -불교란 만드는 법이다

1. 불교 ==> 연기 = 인연소생법 = 생겨나는 법, 만드는 법(만들
어지는 법), 만드는것.

①무엇을 만드나? 불을 만드나? -->그렇다(불--火, 佛)
따끈한 불을 쬐는 종교인가? -->그렇다

②불(火)
ⓐ프로메테우스(Prometheus)의 불
-->인간의 문명 시작. 불을 사용하는 인간이 다른 동물을
지배.

ⓑ오행(五行)의 火
-->혁신· 창조· 제거· 변화(소멸과 생성의 변화를 관장), 이
익이 있는 것.

ⓒ佛 = 人 + 弗 -->사람이 아니다?
==>'유아의 나'가 아니다 => 인상(人相)을 벗어나 '무
아의 나'가 됨

2. 되고 싶은 것을 되게 하는 방법을 가르쳐 주는 종교.
: 불교란 한마디로, 늘 새로움의 연속인 무상(無常)의 New세계
에서, 만들어진 것이 아닌 만들어 가는 것, 곧 변화하는 존재인
'무아(無我)의 나'를 발견해 잘 먹고 잘살라는 틀림없는 최상의
가르침으로[123], 되고 싶은 것을 되게 하는 방법을 가르쳐 주는

---

123) 나의 경우에는 출가 전에 '불교'하면 허무·덧없음을 느끼고는

진리의 법칙이다.

그런데 잘 먹고 잘사는 것도 수준이 있다. 수준 있게 잘 먹고 잘살아야 하는 것이다. 그러면 어떻게 수준 있게 잘 먹고 잘 살 수가 있는가?

'무아의 나'가 되어, 부처가 되고 싶으면 부처가 되고, 그것이 싫으면 각자(중생)의 수준에 맞춰서, 부자(감응-메커니즘 작동), 학자(지혜 생김), 좋은남편, 좋은아내, 좋은부모, 좋은자식...등, '좋은나'가 되는 것이다.

3. 그러나 이 모든 것은 궁극적으로 법계의 완성을 지향한다.
: 그것에 적합하지 않으면 퇴출, 대기(윤회 등)되는 것이다.

모든 존재, 현상이 법계의 부분들로서 법계전체를 구성하는 것이다.

그런데 이 부분(≒전체) 어느 하나가 소용없음이 없다.(여래장 →전식득지(轉識得智)124))

따라서 한부분이 전체를 끌어낼 수도 있는 것이다.(공업(共業) →수행의 공덕과 연결)

하였다. 그래서 출가도 밥은 준다니 산속에 틀어 박혀서 부처의 자비에 기대고 싶은 마음만 가득한 것이 동기가 되었는지도 모른다. 그런데 불교를 공부해 나가는 과정에서 알고 보니 불교가 잘 먹고 잘살게 만들어주는 종교임을 확신하게 되었다.

불교가 이러한 종교인줄 알았다면 그때의 심정으로는 출가를 하지 않았을 수도 있었겠다는 생각을 한다.

124) 번뇌에 오염된 팔식(八識), 특히 아뢰야식을 청정한 상태의 지혜(智)로 전환시키는 것을 말한다. 다시 말하면, 번뇌에 오염되어 있는 마음의 근원을 청정한 열반의 상태로 변혁하여, 분별하는 인식 주관의 마음 작용을 소멸하는 것이다.

4. 불교란?

①김춘수의 꽃: 처음엔 아무것도 아니었는데 내가 그의 이름을 불러주었을 때 꽃이 되었다.125)

　　->나의 인(因)이 너의 연(緣)에게로 가서 무엇이 되는 것.
　　　너의 인(因)이 나의 연(緣)에게로 와서 무엇이 되는 것.

②그러면 무엇이 되는 것일까?

그것이 불교에서 말하는 제법무아이다.

우리는 처음에는 인과 연으로 떨어져 있는 아무것도 아닌 것이었지만(그러나 이것이야말로 나의 참모습인 만들어지기 이전의 '무아(無我)'다), 인과연이 합쳐지자 무엇인 나가 되었다.

그러니 이렇게 본다면 무아란 아무것도 아닌 것이지만, 아무것도 아닌 것이 아닌, 소위 '이유이무 비유비무(而有而無 非有非無)'의 중도적 공(空)이라 불리는 근원적 모습일 것이다.

---

125) *이름을 부를 때 무엇이 된다는 의미.

예컨대 관세음보살의 이름을 부른다고 하는 것은, 내적존재로서의 관세음을 끌어내는 동시에 외적존재로서의 관세음을 현상화(現象化)시켜서 보게 하는 방법이기도 하다.

물론 이름이 존재자체는 아니다. 그런데 그 이름을 부름으로써 존재가 존재의 의미를 갖게 된다면, 이름은 존재를 대신하는 안과 밖으로의 연결의 문이 되는 것이다.

그리고 그렇게 존재와 연결하는 이름의 문을 통해 들어오고 나가는 것을 결정짓는 것은 오직 문자체이므로, 어떻게 이름을 부를 것인가, 즉 어떤 문이 될 것인가 하는 문제는, 무아의 관념적(觀念的) 관점뿐만 아니라, 실재화(實在化)하여 나타나는 무엇이든 될 수 있는 무아의 현상적 의미에 있어서는 가장 중요한 핵심이 되는 것이다.

③그렇게 볼 때 석가모니부처님의 가르침 중에 하나가 바로, 이미 무엇이 되기 전에 제대로 된 '무아의 나'가 먼저 되어라하는 말씀일 것이다.

즉, 나의 이름을 불러주었을때 꽃이 되는데 어떤 꽃이 되었느냐에 매달리는 것이 아니라, 어떤 내가 어떻게 이름을 불러주어야 제대로 된 꽃을 만들 것인가를 먼저 알아야 한다는 말이다.126)

④꽃을 만들것이냐? 똥을 만들것이냐? 호박꽃이냐? 장미꽃이냐? 이것은 나의 어떤 인의씨(무아의 인)가, 너의 어떤 연의씨(무아의 연)와 만나야, 그야말로 꽃이라 불려지느냐 하는 말이다.

따라서 석가모니부처님의 가르침에 따른다면 나의 씨를, 즉 나의 무아의 인(이것이 나가 없지만 그러나 있는 나)을, 가장 좋은 씨로 최상의 수준으로 만드는 것이 우리가 불교를 믿고 따르는 이유라고 말할 수 있을 것이다.127) 그리고 어떻게 하면 수준 있는

126) 불교에서 거사와 보살이라는 호칭은 재가자를 칭하는 최상의 호칭이다. 이렇게 가장 좋은 것을 불러주는데, 개나소나 다하는 회장·사장·사모·여사·선생, 심지어 법사라고 불러달라고 하는 것이 작금의 등신들이다. 제일 좋은건 부엌데기로 만들어 버리고 헛것인 완장의 이름에 매여들 있다.

127) 신(神)을 믿는 종교는 신에 의해 이미 만들어진 존재들이 신이 있음을 믿고 경배하는 것이 시작에서 끝이다. 무엇이든 신의 뜻이기 때문에 나의 주체성이 없으며, 이미 어떤 외적인 모습으로 만들어졌기 때문에 그 모습을 바꿔서 벗어날 수가 없다. 여자는 여자 밖에 될 수 없고, 개는 개밖에 될 수 없다. 신이 그렇게 정했기 때문이다.

반면에 불교는 아직 무엇이 되기 전의 존재가 '인+연'을 통해 스스로가 만들어가는 존재로 되는 것이다. '인+연'을 어떻게 조합하여 만드냐에 따라 무엇이든 될 수 있으며, 되고 싶은 것을 되게하는 방법을 가르쳐 주는 종교이다. 나의 인이 너의 연에게로 가서,

최상의 좋은씨, 곧 '무아의 나'가 될 수 있는가 하는 것이 가르침의 실천이 되는 것이다.128)

또는 나의 연이 너의 인과 만나서 무엇이 된다는 것은, 변화하여 바꿀수가 있다는 것이다. 여자(생물학적 여자가 아닌 윤회의 근원인 애욕의 존재)가 남자(생물학적 남자가 아닌 애욕이 끊긴 상태인 대장부, 곧 부처)로 바뀔수가 있고, '유아의 개상(犬相=人相)'을 끊고 '무아의 나'로 바뀔수가 있는 것이다. 그것이 부처님의 가르침인, 이미 무엇이 되기 전에 제대로 된 '무아의 나'가 먼저 되어라하는 말씀일 것이다.

128) 공인(公人)의 개념: 공인이란 의미 그대로 모두에게 공적인 일을 하는 사람이다. 따라서 누구나 공인이 될 수 있지만, 아무나 공인이 되는 것이 아니다. 예컨대 공무원이 공인이냐 묻는다면, 공인일수도 있고 아닐 수도 있는 것이다. 안짤리고 안정적이며 쉬는날 많고 연금도 많이 나온다더라 해서 공무원이 되었다면 절대로 공인일 수가 없다. 직업이나 타이틀이 공인을 말하지 않는다. 그것은 종교인에게도 예외가 아니다. 모두에게 공적인 일을 하는 사람이 곧 공인인 것이다.

한 예로 연예인들이 자칭 공인이라고 하고들 있는데, 마찬가지로 공인일수도 있고 아닐 수도 있다. 대중방송매체에 나온다고 공인이 아니다. 인기 연예인들을 스타(star)라고들 부른다. 그런데 스타란 말 그대로 별(星)이요 명(明)인 것이다. 그러니 明, 곧 밝음과 비전을 주는 자가 되어야지, 방송에 나와 히히덕거리며 웃기는 것이 스타가 아닌 것이다. 오늘날 한국사회에서 수많은 어린친구들이나 젊은 친구들이 그들을 보고 연예인이 되고자 희망한다. 그러나 明을 주고자 하는 것이 아닌, 나도 그들처럼 인기 얻어 쉽게 돈을 많이 벌어 고급외제차 타고 빌딩사고 건물주 되어야겠다하는 것이 그들의 희망이다. 이렇게 비전을 주는 자가 아닌, 사람의 기운을 빨아먹고 사는 인기인(人氣人)들, 비전을 없애는 자들이 어떻게 공인이 되고 스타가 될 수가 있을 것인가.

그렇게 좋은씨를 만드는 방법이 바로 기도, 염불독송, 선법, 실천

더욱이 개탄할 일은 몇몇 어느 유명종교인은 연예인 병에 걸려서는 그런 자들과 대중매체에 나와서 같이 히히덕거리면서, 자신이 방송에 이용당하는지를 모르는 것인지, 알고도 그러는 것인지 그런 행위를 전법을 한다고 하고 있으니 저를 어찌할꼬이다.

작금에 일부 유학승들이 학위 타이틀을 따서는 전도한다고 한국으로 들어와 타이틀로 유명세를 얻고는 그런 행태를 보이고들 있는 경우가 많은데, 한국에서 돈 받아서 외국에서 공부를 했으면 한국에 들어와 한국사람 전도 안 해도 되니, 그곳의 그 나라사람들을 전도해야 할 것이다. 물론 만일 미국이라면 현지에서 한국교포들 모아놓고 포교한다고 하는 짓은 절대 하지 말아야 할 것이고, 책을 내어도 거기서 그 나라 언어로 내야 할 것이니 한권도 안 팔릴지언정 그것이 올바른 일이다. 그곳에서 공부했으니 자연스럽게 어학도 문제없겠다, 물질적이든 모든 것이 쉽지 않아서 고생은 하겠지만, 할 수 있는 능력을 가진 네가 불교를 그곳 사람들에게 알려야지, 뭐한다고 너만이 할 수 있는 그 좋은 역량을 가지고 여기 와서 네가 아니어도 아무나 다할 수 있는 수행법을 알려준다고 자신을 낭비하고 있는 것인가. 여기 와서 유명인 따라다니는 소위 신도라는 상등신들에게, 미국·영국대학에서는 아주 취득이 쉬운 불교종교학위 타이틀로 되도 않는 자랑질해서 먹고 살려고 하지 말고, 세계로 나가라. 그러려면 우선 내가 무엇을 하는 사람인가를 알아야 할 것이고, 인과를 무서워할 줄 알고 스스로 부끄러워할 줄 알아야 하는 사람이 되어야 할 것이다.

그런데 그렇게들 하지 못하고 이렇게 오늘의 이 사회에 明이 아닌 잘못된 비전을 전하는 남의 기운 빨아먹는 흡혈귀들과, 연예인이 되고 공무원이 되고 건물주가 되겠다는 어린친구들과 젊은이들만이 늘어간다면, 세상에 진실한 희망은 사라지고 암울한 현실과 보이지 않는 미래만이 남아서, 부처님의 불국토는 절대로 이루어질 수가 없을 것이다.

행인 팔정도, 바라밀 등등이 되겠다.

⑤그래서 기도는 '무아의 나'가 되는 기도(빌며 구하는 기도가 아니라)[129]가 되어야 하며, 염불독송은 무아의 나가 되는 칭명(이름의 값)과 무아의 나가 되는 경전독송이 되어야 하며, 좌선은 무아의 나가 되는 좌선(번뇌의 멸, 신구의의 그릇을 크고 넓고 깊고 깨끗하게 만듦), 실천행은 현실의 삶속의 모든 생활이 바로 그대로 신행(信行=身口意가 일치)이 되어야 하는 것이다.
그렇게 절대적 믿음을 바탕으로 무아의 나가 되어갈 때, 욕망으로 삿되고 현혹되며 일시적인 달콤함이 아닌, 진정으로 법계가 감응하게 되는 것이다. 그러한 길은 증명된 틀림없는 진리이기 때문에 법계의 메커니즘이 작동할 수밖에 없다. 이것을 소위 공덕이 쌓여져 복이 생겨난다고 말하는 것이다.[130]

⑥좋은씨가 가야할 것(나의 수준이 높아야)
　→꽃을 만들것이냐, 똥을 만들것이냐?
　→호박씨인가, 장미씨인가?

⑦좋은씨를 만드는 방법 =>이것이다

---

129) 1장 '불교의 이해' p.76. <測字破字로 본 祈禱의 의미> 참조.
130) 선한 것을 행해서 공덕이 생겨나는 것이 아니다. 법계의 원리가 그렇다. 예컨대 상한 것을 먹으면 배탈이 나고, 좋은 것을 먹으면 튼튼한 몸을 유지하여 많은 일을 할 수 있게 되는 것과 같다. 법계는 불량품을 받아들이지 않고 대기나 퇴출시킨다. 한편으로는 선업도 업이기 때문에 자기 공덕을 쌓기 위해서 선을 행하면 안 된다. 알지 못하게 빚을 지게 만들어서는 안 된다는 말이다. 선한 일을 하지 말라는 것이 아니라 중생법계에 머물러 업을 쌓고 있어서는 안 된다. 그러므로 선업이 아닌 무아의 회향으로 나가는 것이 근원법계로 가는 바른길이다.

→씨를 바꾸는 것: 아뢰야식, 업식을 바꾸는 것[131]

→무상의 세계에서 무아의 나가 됨으로써 고를 열반으로, 절망을 희망으로, 안되는 것을 되게 한다.

---

131) 예전에 보이지 않는 사각지대를 의미하는 '블라인드 사이드 (The Blind Side)'라는 실화를 바탕으로 한 미국영화가 상영되었는데, 가난한 흑인 소년을 입양하여 뛰어난 미식축구선수가 되게 한, 상류층의 백인여성을 주인공으로 하는 휴머니티 영화이다. 그런데 모든 미국영화가 다 그런 것은 아니겠지만, 이 영화도 내용에 담긴 감동은 둘째 치고, 배우들의 연기가 연기 같지 않고 사는 모습 그대로인 듯 실제처럼 느껴진다는 점이 미국영화의 특징들인 것 같다. 아마도 그것은 미국이라는 나라가 수많은 인종이 모여 국가를 이루면서 몇백년동안 개인의 의식구조들이 수많은 반복과 시행착오를 거치면서 융화되고 변화되어, 사회의 구조나 정치·문화·예술·종교등의 조직의 구조에 그대로 자연스럽게 일치하면서, 연기를 해도 일치되어 담겨있는 의식들이 그대로 자연스럽게 흘러나오는 것이라고 생각된다. 그래서 아직 그런것에 익숙하지 못한 한국같은 곳에서는 연기라는 것도 말 그대로 연기하듯 자연스럽지 않게 보이는 것은 나만의 시각일까? 그러나 굳이 그런 관점을 떠나서라도 개인의 의식구조가 바뀌지는 것에서 모든 것이 달라지기 시작한다는 점은 분명하다.

Ⅳ. 미2 -경전 하나하나가 '무아의 나'가 되는 방법

1. sūtra(sutta:經)

-날줄·씨줄, 목수의 먹줄(나무를 자를 때 정확하게 선을 긋는 것. 잘라야할 것과 남겨야할 것을 나눔)

-나침반이라고도 할 수 있겠다.

-가르침이 행위의 바름과 그름을 분명하게 나누는 잣대로 삼을 만하다. →잣대가 되는 가르침.

2. 금강경

-무상. 무아의 법인(法印)의 다른 표현

-금강이 되려면?(어떤 다이아몬드가 될 것인가?)[132]

-탄소(무상의 인연)가 고온고압(실천행)에 의해 변화(무아의 나)[133]

---

132) 탄소에 고온고압을 어떻게 작용시키느냐에 따라 다이아몬드 도 되고 흑연, 곧 연필심도 된다. 금도 정련을 어떻게 하느냐에 따라 순금도 나오고 가치 없는 돌덩이처럼 될 수도 있다. 명품이 유행하는 요즘 세상에 진정한 명품은 무엇인가. 실제로는 편리하 고 견고하며 질이 좋은 물건이 명품이겠으나, 브랜드라는 껍데기 상에 명품의 가치가 있다고 믿고자들 한다. 금강경에서는 자신을 타인과 비교하지 말고 과거의 나와 지금의 나를 비추어 비교하고, 지금의 나를 명품인 금강으로 만들어가라고 가르친다.

*아상, 인상, 중생상, 수자상
  ⇒왜 번역할 때 아, 인, 중생, 수자를 썼을까?

  ①아(我) ->나가 있다.

  ②인(人) ->나의 특성, 형상이 지금의 것인 줄 안다.
    ->사람 ->사람인줄로만 안다.
    ->동물, 식물, 바위 ->그것인줄로만 안다.
    ->개상, 고양이상, 동물상, 식물상, 바위상, 물상, 유정무정
      상...(人相은 대표적 표현일 뿐)

  ③중생(衆生) ->각각 특성과 형상대로의 행과 식을 낸다.(만든
                다) ->그 모습에서 벗어나지 못한다.(무아가 되
                지 못한다)

  ④수자(壽者) ->이러한 형상과 특성이 변함없이 영원하리라 본
                다.

  ⇒무아란 '유아의 나'가 없어지는 것. 유아의 나가 없어질 때 '진
    짜 나'가 되어 뭐든지 될 수 있다.
    뭐든지 될 수 있는 것이 '무아의 나'다.134)

---

133) 모든 번뇌를 끊어낼 수 있는 인드라의 바즈라(Vajra)를 어디
에 때릴(chedikā)것인가. 나와 집착의 대상 사이가 아니라, '유아
의 나'에게 직접 바즈라를 때려서 아·인·중생·수자가 없어질 때,
본래의 나인 '무아의 나'가 드러난다(Prajñā pāramitā).
134) *작금에 요리가 유행하는 까닭은 왜 그런가?
과거에는 '유아의 요리', 즉 먹고사는 것에 치우쳐 주어진 것에서
벗어나지 못했다. 한마디로 컵이 컵밖에 되지 못하는 틀을 깨지
못하였다. 그런데 지금은 무엇이든 만들어질 수 있는 '무아의 요

따라서 아·인·중생·수자가 없어질 때 무아가 됨(금강이 됨)
　　-->아생 - 인생 - 중생생 - 수자생 =>가짜 나(유아의 나)
　　　아멸 - 인멸 - 중생멸 - 수자멸 =>무아의 나

<<*손오공을 통해본 금강경의 무아>

1) 금강반야바라밀경(金剛般若波羅蜜經)의 의미

①바즈라(vajra): 벼락과 금강석을 동시에 의미하는 단어로, 제석천(帝釋天:인드라Indra)의 무기인 금강저(金剛杵) 또는 금강탁(金剛琢)이라고 불리기도 하는데, 밀교(密教)에서는 번뇌를 깨고 불법(佛法)을 현현(顯現)하기 위한 지덕(智德)을 나타내는 법구(法

리'가 시작되어 고정되어진 틀을 깨기 시작하였다.

그러나 이러한 현상은 알고 한다기보다는 본능적인 것으로, 외보시(外布施)에서 내보시(內布施) -텅빈충만 · 비었으나 가득한 것 · 무엇이든 담을수 있고 무엇이든 나눌수 있는것, 불생불멸불구부정부증불감- 로 향하는 것처럼, '유아의 나'가 '무아의 나'로 전환되는 바깥에서 안으로 향하는 연습의 시기가 시작된 것이다.

결국 '요리'에서 '나'로 그 개념적 대상이 바뀌어 나를 '무아의 요리'로 만들어가는 시점이 오게 될 것이다. 그러나 이러한 법계의 이치를 모르면 유아에서 벗어나지 못한 인간의 욕망으로 인기나 시청률에 매달려, 요리사 주방장이 그 좋은 호칭을 버리고, 언제부터 셰프라고 했다고 너도 나도 셰프라고들 하며 오락프로그램에나 나와서 히히덕거리고, 못먹어 환장한 것처럼 온통 음식 먹는 프로그램들이나 만들어지는 한때의 유행으로 끝나고, '무아의 나'로 바꾸어 갈 수 있는 엄청난 기회의 시간을 놓치게 될 것이다. 대중에게 메시지를 전달하는 방송매체의 올바른 개념적 역할이 매우 중요함을 인식시킨다.

貝)로 사용하였다.

②체디카(chedikā): '끊는, 절단하는'을 의미한다.

③프라쥬냐(prajñā): 반야(般若), 즉 통찰지(通察智:般若·慧)를 의미한다.

④파라미타(pāramitā)

　ⓐ바라밀(波羅蜜)·바라밀다(波羅蜜多): 완전한 상태, 구극(究極)의 상태, 최고의 상태

　ⓑ도피안(度彼岸): 열반이라는 이상적인 상태로 들어가는 것을 의미. '절대적인, 완전한'

　ⓒ도(度): 미망과 생사의 현실인 차안(此岸: 이 언덕)에서, 해탈과 열반의 이상적인 상태인 피안(彼岸: 저 언덕)에 이르기 위해 보살이 닦는 덕목·수행, 또는 실천을 의미한다.

⑤sūtra(sutta:經)

　ⓐ날줄·씨줄, 목수의 먹줄(나무를 자를 때 정확하게 선을 긋는 것. 잘라야할 것과 남겨야할 것을 나눔)

　ⓑ나침반이라고도 할 수 있겠다.

　ⓒ가르침이 행위의 바름과 그름을 분명하게 나누는 잣대로 삼을 만하다. 잣대가 되는 가르침.

2) 손오공(孫悟空)과 금강탁(金剛琢)

①금강탁(金剛琢·金剛杵vajra)을 얻는 법
:손오공의 구법노정(求法路程)

　ⓐ십만 팔천리를 순식간에 날아갈 수 있는 근두운(筋斗雲: 유아의 상(相)을 의미)으로 경전(반야바라밀=무아)을 가져오는 것은 안된다.

　ⓑ유아의 상을 없애는 실천행(금강탁)이 필요.

②금강탁으로 오온을 더럽히는 번뇌를 없앰

　ⓐ까마와 루빠·아루빠의 두 가지 치우친 길에서 벗어남(중도)

　ⓑ상을 깨뜨림 => 나-> 나´-> 나,　이름-> 이름´-> 이름

3) 손오공(孫悟空)과 긴고아(緊箍兒)

①孫悟空의 의미

　ⓐ孫:　子 + 系

子 아들, 씨, 첫째, 스승, 성인(聖人)
系 잇다, 매다, 얽다

아들(씨)을 잇다 ->업(業=有我)
성인(聖人)을 이루다 ->무아(無我)
　=>본질(孫:본성)을 업(:有我)으로 볼 것인가, 무아로 볼 것인가

　ⓑ悟:　心 + 五 + 口
　=> 다섯 가지의 오온(五蘊)

　ⓒ空(Śunya)
　=>무아(無我) = 공(空) = 고락(苦樂)과 유무(有無)의 양극단을
　　떠난 중도(中道)

②긴고아가 어떻게 작용하는가

　ⓐ긴고아(緊箍兒)
　緊 단단하다, 굵게 얽다
　箍 둘레, 테

兒 아이, 연약하다, 어린사람

　=>단단하게 얽혀 둘러메어진 연약한 아(我=有我)

ⓑ禁箍兒

禁 금하다, 누르다, 억제하다

　=>억눌려 둘러메어진 연약한 아(我)

ⓒ金箍兒

金 돈, 황금빛=色

　=>욕망에 둘러메어진 연약한 아(我)

==>본질(孫:본성)을 업(:有我)으로 볼 것인가, 무아로 볼 것인가에
　　따라, 다섯 가지의 오온(悟)이 공(空)함을,

①모르면 -> 긴고아의 고통(一切皆苦)

②알면 -> 스스로 얽어 메었을 뿐, 원래 긴고아가 없다.(涅槃寂
　　　　　靜)

③손오공 일행이 고행의 구법노정(求法路程) 끝에 부처님을 만나
　서 처음에는 백지경전(無字眞經=空=무아)135)을 받았으나, 다시
　자금발우(紫金鉢盂) 공양을 하니 오천사십팔권의 경전(중생방
　편)136)을 받게된다. 당나라로 가서 경전을 전해준 다음 다시 영
　취산으로 돌아와 투전승불(鬪戰勝佛)이 된 손오공이, 이제는 긴
　고아를 풀어달라고 삼장법사에게 말하자 긴고아는 원래 없는 것
　이라 하며 스스로 풀리게 된다. 결국 긴고아는 고(苦)이자 열반
　(涅槃)이니, 자기 자신이 스스로 만들어내는 업(:有我)이기도 하
　고, '무아의 나'이기도 한 것이다. >

---

135) 부처의 經: 잣대가 되는 진리의 가르침이다.

136) 중생의 經: 오천=중생계, 사십팔=7×7이 49의 완전수인 무
　　아에 아직 이르지 못한 유아의 중생을 표현하는 것으로 볼 수
　　있다.

3. 반야심경

①무아 = 공

②관자재보살[137]: 원래 본모습인 무아의 눈, 무아의 나가(→보고
　　　　　　　　　　알아차림)
　　ⓐ행심반야바라밀다시: 알아차림, 의심(화두) ->반야지가 생
　　　　　　　　　　김.
　　　　　　　　　　대상의 실상을 완성된 지혜로 알아차
　　　　　　　　　　려· 의심하여.
　　ⓑ조견오온개공: 제법(=나)이 무아임을 앎
　　ⓒ도일체고액: 열반, 무상정등각(법계정품)

　　==>이것이 전부다. '아제아제~~사바하' 주문은 이것의 뭉뚱그
　　림, 대표적 표현, 반영적 표현일뿐.

───────────────

137) 관자재(觀自在:Avalokiteīśvarā)의 의미
·Ava: 지키다
·lokita: 본다
·Avalokite: 위에서 아래를 내려다 본다
·īśvara: 스스로 존재하는 자, 지배자, Śiva신, 자유롭게
·śvara: 속세간의 소리
·Avalokiteīśvara: 觀自在
　->있는 그대로 자유롭게 지켜보다.
　->지금 존재하는(在) 나를(自) 자세히 보다(觀).
　->되풀이 되는 근원(神=示+申(:自在īśvara))을 자세히 살펴보다.
·Avalokiteśvara: 觀世音
　->부처를 이루는(音=立+日) 세간(世 = 나, 일체존재)을 자세히
　　살피다(觀)

4. 무상의 세계에서 무아의 나가 되는 것

1) 무엇이든 되는 것이므로

  ==>금강경 →금강

     관세음보살보문품경 →관세음(자재=무아)

     지장경 →지장보살(대지의 덕)

     반야경 →반야지혜

     천수경 →천수(千手), 육향(六向)

  ==>법계의 정품이 됨

  ==>경전 하나하나가 '무아의 나가 되는 방법', '잘먹고 잘사는 방법 경전'

  ①금강경 사구게: 머물지 말고~ ->무아가 되면 금강이 된다

                     (금강 = 여래장)

  ②천수경: 칼산지옥 내가가면~ ->'무아의 나'가 가면(나의 因이 가서) 칼산(緣)이 바뀜

  ③보문품: 관세음보살하면~ ->관세음이란 무아가 되면 다 된다.[138]

---

138) *대승경전의 번역(飜譯)과 해석(解釋)에 대한 관점
: 대부분의 대승경전을 쓰여진 문장 그대로의 의미로만 읽는다면, 그 말도 안 되는 황당함으로 인하여 불교를 기복적 신앙으로 잘못 알게 하고, 또 그런 기복적 신앙을 추종하는 무리들을 늘게하며, 마치 그러한 신앙이 부처님의 가르침인 불교인양 잘못된 오류를 범하게 한다.
한편으로 오늘날 범세계적인 디지털정보의 공유시대에, 불교도 과거에는 접할 수 없었던 수많은 불교적 교리나 이론과 지식을 어디로 움직이지 않아도 손에든 스마트폰 하나로도 습득할 수 있게

되었다. 그래서 그러한 정보들을 통해 잘못된 오류들을 바로 잡을 수 있는 기회들이 손안에 있게 된 것이다. 그런데 반면으로 그러한 정보의 양과 다양성이 반드시 올바른 통찰만을 가져다주지는 않는 것 같다.

예컨대 오늘의 범세계적인 정보환경 속에서 동남아계의 불교를 접하고는, 그 시각이 더 넓어져야 함에도 불구하고 오히려 새로 접한 정보들에 상(相)을 내고서는, 초기불교의 니까야Nikāya(또는 아함āgama)야 말로 부처님의 진짜 가르침이고, 대승경전은 부처님의 가르침이 아닌 후대에 왜곡되어 쓰여진 위경(僞經)과 같은 것이다라고 주장하는 무리들도 많이 생겨나고 있는 것이 사실이다. 그러나 명백한 것은 부처님이 경전을 '말했다 안했다, 썼다 안 썼다'가 중요한 것이 아니라, 그 안에 부처님의 가르침의 요지가 들어있는지 없는지가 경전의 진위를 구분 짓는 핵심일 것이다.

더욱이 보다 분명한 것은, 후대에 쓰였다고 하는 대승경전을 쓴 대부분의 논사들이 대천재들이었다는 점을 간과하지 않는다면, 그런 천재중의 천재들이 기껏해야 기복적 신앙을 전도하기 위해 경전을 기술하였을까하는 의문을 통해 곧 바로 진실한 답을 구할 수가 있는 것이다. 그리고 그러한 이유들이 문장의 단어들이 아닌, 문장 너머에 담겨진 진리의 의미를 찾아내기 위해, 지혜의 통찰을 통한 대승경전의 올바른 해석의 필요와 함께 그 중요성을 무엇보다도 먼저 인식해야만 한다고 보는 것이다.

대승경전 해석의 한 예로, 예컨대 관세음보살보문품경에서 '관세음보살의 이름을 부르면 죽지 않는다'는 말은, '유아의 나'가 '관세음' 곧 '흐리다얌(hṛdayaṁ:마음의 진언)'의 실천을 통해 '무아의 나'로 전환되니, 무아의 존재가 된 '나'는 진리 자체로서, 소멸되는 것이 아닌 영원하며, 만들어지는 인연의 조합에 의해 무엇으로든 변화될 수가 있는 '무아의 나'인 것이다.

마찬가지로 약사유리광칠불본원공덕경에서도 '나의 이름을 들으면 일체 모두 여자가 바뀌어서 남자로 되어 대장부(大丈夫)의 모습을

<<관세음보살보문품경의 보문과 성경의 좁은문의 비교>

①성경의 좁은문

마태복음 7:13~14. "좁은 문으로 들어가라. 멸망으로 인도하는 문은 크고 그 길이 넓어 그리로 들어가는 자가 많고, 생명으로 인도하는 문은 좁고 길이 협착하여 찾는 이가 적음이니라. Enter through the narrow gate. For wide is the gate and broad is the road that leads to destruction, and many enter through it.

갖추게 하겠다.'라는 말은, 생물학적 여자가 아닌 윤회의 근원인 애욕(愛欲)이 끊어지지 않은 '유아'의 존재가, '나의 이름', 곧 여래의 서원의 실천을 통해 '무아의 나'로 전환되니, 생물학적 남자가 아닌 애욕이 끊겨 윤회가 끊어진 상태인 대장부(大丈夫), 곧 여래의 명호(名號)를 갖춘 '무아의 나'가 됨을 의미하는 것이다.

그런데 그러한 것을 문장 그대로 보고는 상(相)으로 이뤄진 육신의 '나'가 자재한 외적존재인 관세음보살을 부르면 칼에 맞아도 죽지않는다라는 식으로 해석을 하고, 업이 많은 여자가 약사여래불의 이름을 부르면 다음 생에는 남자로 태어난다 하는 식으로 해석을 한다면, 그야말로 말도 안 되는 황당함이 문제가 아니라 경전자체를 오류자체로 만들어버리는 것이다.

본래 불가사의(不可思議)란 '깊고 오묘해서 가히 생각할 수가 없다'는 뜻이겠으나, '너무도 당연하고 쉬워서 미처 생각하지 못한다'라고도 말할 수 있을 것이다. 그렇게 부처님의 가르침의 말씀은 너무도 쉽고 간단한 것임에도 불구하고, 그 가르침을 어렵게만 만드는 것은 대체 어떤 자들인가. 굳이 비유하자면 하늘에 떠있는 태양, 숨을 쉬게 하는 공기를 신기하게 여겨야지, 돌멩이, 쇠붙이로 만든 불상에 잠자리알 피고 빛이 났다하며 신기하다고 선전하고, 그런 것들을 쫓아다니는 무리들에게는, 관세음보살보문품경이나 약사유리광칠불본원공덕경과 같은 경전에 담긴 부처님의 가르침도, 그저 한갓 영험 찾는 불가사의에 불과할 것이다.

But small is the gate and narrow the road that leads to life, and only a few find it."

  ==>여기서

ⓐ좁은문 ->천국의 문(진리의 문)

ⓑ넓은문 ->사망의 문 -->누구나 줄서 있는 문(욕망의 문)

ⓒ문이 넓고 좁다 -->인간욕망의 크고 작음을 비유한다.

ⓓ성경의 좁은문·넓은문은, 발심수행장에 표현된 적멸궁과 화택문(火宅門), 막지않는 천당과 끌어들이지 않는 악도의 내용과 그 의미가 같다고 하겠다.

『發心修行章 元曉 述』. "夫 諸佛諸佛 莊嚴寂滅宮 於多劫海 捨欲苦行 衆生衆生 輪廻火宅門 於無量世 貪慾不捨 無防天堂 少往至者 三毒煩惱 爲自家財 無誘惡道 多往入者 四蛇五慾 爲妄心寶. 대저 모든 부처님이 적멸궁(번뇌를 완전히 벗어난 열반의 경지)을 장엄하심은, 수없이 많은 겁의 세월에 욕망을 버리는 고행을 하신 까닭이며, 중생의 무리들이 불타는 집(三界)을 윤회하는 것은, 한량없는 세월동안 탐욕을 버리지 못한 까닭이다.
막지 않는 천당에 가서 이르는 자가 적은 것은, 세 가지 독한 번뇌(貪瞋癡)로 자기의 재물을 삼는 까닭이고, 끌어들이지 않는 악도에 가서 빠지는 자가 많은 것은, 사대(四大:지수화풍)로 이뤄진 몸과 오욕(色聲香味觸의 五境에 대한 욕구, 또는 財·色·食·名譽·睡眠)[139]으로 망령되이 마음의 보배를 삼는 까닭이다."

---

139) 오욕(五慾)은 인간 안에 다섯가지 본능인 식욕·색욕·재물욕·명예욕·수면욕으로 우리 삶에 가지지 않을 수가 없는 것이다. 그렇다면 좋게 가지는 방법은 무엇인가.

②보문품(普門品)의 넓은문((普門) -->문이 아닌 나를 지칭

    ⓐ보문(普門) ->내가 곧 문

---

①식욕
    ⓐ동물 -->식욕이 있다. 그러나 먹을게 많아도 과식이 없다.
    ⓑ인간 -->인간만이 식탐으로 과식. 일년 먹을것도 모자라 십
            년백년 자손대대로 먹을걸 한꺼번에 긁어모으려고 한다.
②색욕
    ⓐ동물 -->발정기가 있다. 종족보존을 위함이다.
    ⓑ인간 -->욕망으로 시도 때도 없다.
③명예욕
    ⓐ동물 -->무리의 우두머리. 우수종족유지·보존위해. 종족보존
            의 리더십
    ⓑ인간 -->자신의 권력을 유지하기 위해 수단과 방법을 가리
            지 않는다.
④재물욕
    ⓐ동물 -->다람쥐의 경우 저장하는 것은 씨앗을 다른 곳으로
            이동시키거나 토양을 비옥하게 하는 역할이다.
    ⓑ인간 -->넘치도록 쌓아둔다. 끝이 없다.
⑤수면욕 -->위의 경우들과 마찬가지다.

 ==>성욕의 에너지를 불(火)로 본다면,
    ⓐ잘못다루면 -->화재
    ⓑ잘다루면 -->전기발전, 난방, 요리
            -->화롯불-군밤, 모닥불-좋은 추억을 만듦
 ==>물(水)로 본다면, 큰물을 막아 댐을 만들어 수력발전
    ⓐ욕망도 이와 같다.
    ⓑ하지 말라는 것이 아니라 절제·적당할줄 알아야한다.
      이것이 중도이다.

~>문이 넓고 좁은 것이 아니라 내가 넓고 좁아진다.
--->진리의 내가 넓고 좁다.

~>군자대로(君子大路)
->군자는 큰길을 간다는 뜻이 아니라, 군자가 가는 길이 어떤 길이든 큰길이된다라는 의미이다.

~>보문의 문은 소통의 문으로 내가 곧 문 자체가 되어 부처님의 방식으로 세상과 소통하며, 나를 바꾸어 간다.

ⓑ보문의 키(key)는 관세음보살, 곧 나자신(흐리다얌hṛdayaṁ:마음의 진언을 실천)으로 무엇이든 될 수 있는 '무아의 나'인 것이다.

==>'유아의 나'가 청경(靑頸·닐라깐타)이라 이름하는, 일체의 이익을 성취하고 안녕과 승리를 가져오며, 일체중생의 삶의 길을 청정하게 하는 흐리다얌(hṛdayaṁ:마음의 진언)을 닦아 실천함으로써 관자재, 곧 '무아의 나'로 전환되는 것을 의미한다.

③성경에서 '무아의 나'의 표현
요한복음 14:6. "내가 곧 길이요 진리요 생명이니, 나로 말미암지 않고는 아버지께로 올 자가 없느니라. I am the way and the truth and the life. No one comes to the Father except through me."

==>여기서 '나를 말미암지(통하지) 않고는'이라는 말의 '나'는 예수 자신을 가리키는 것이 아니라, '무아의 나'인 예수를 말하는 것이니, 예수가 무엇을 해주겠다는 것이 아니라 예수의 실천의 방법

을 통해, '유아의 나'가 '무아의 나'인 예수가 되어가면서 '천국' 곧 무엇이든 될 수 있는 무아의 존재로 전환된다는 의미이다. 그리고 그 키(key)는 보문품의 '관세음보살'과 같이 '예수그리스도'가 되는 것이다.

만일 단지 예수를 믿음으로써 소원이 이뤄지고, 죽어서 흔히 상상하는 그런 천국에 가게 된다고 하면, 신령이나 조상신을 잘 모셔서, 또는 무당이 잘 빌어서 소원이 이뤄지고 안락하며 죽어서 천상에 가는 것과 무엇이 다르겠는가. >

2) 그러므로,
　①기도, 염불, 경전독송, 선140) -->무아의 나가 되는 방법
　②재(齋) -->업력, 식에 감응키 위함이어야(무아의 법을 알림→ 즐겁게 재를). 없는 귀신을 만들어 내어 제사(祭祀)141)를 하

---

140) 원칙적으로 안팎은 없는 것이지만, 굳이 억지로 나눈다면, 기도와 염불과 독송은 밖에서 무아를 보는 것이고, 선법은 안에서 무아를 보는 것이다.

141) 일어난 문제를 귀신이나 영가의 탓이나 기타 외부에 원인이 있다고 보고는, 그것을 천도시켜 문제를 해결한다고 하는 발상은 불교의 재(齋)와는 관련이 전혀 없는 것이다. 그러므로 사찰에서 재정이나 기타의 이유 등으로 굳이 천도재를 유지해야 하겠다고 한다면, 천도의 대상은 귀신이나 영가가 아닌, -만일 귀신이나 영가가 있다고 한다면 그들은 실은 잊어달라고 한다. 그런데 나는 잊지는 말아야지 한다.- 그렇게 생각하고 있는 자기 자신의 집착이어야 할 것이다.

진정한 천도재는 나자신을 부처님과 일체법계와 모든 중생에게 공양하는 것이다. 불교와는 관련이 없는 제사에서의 위패도, 불교의 관점에서는 관세음보살의 자재함과 같이 여기저기 나를 나투는 나의 화현의 집이 되어서 모든 중생을 편안케 하는 개념이 되

면 안 된다.142)

─────────────

어야지, 만년위패· 영구위패하면서 영가를 만년이나 영구히 가두어서 돈 벌겠다는 것으로 만들면 안된다. 윤회가 있다면 감옥으로서의 위패에 영원히 영가로만 갇혀서, 극락왕생 시킨다면서 친족들의 필요에 의해 돈을 내고 승려가 부를 때만 나와야 하는, 절대로 왕생하지 못하는 귀신을 만드는 일은 있어서는 안 될 것이다. 애초에 '천도'와 '극락왕생'의 의미도 귀신을 극락으로 보내겠다는 뜻이 아닌, '遷度 = 遷(옮기다. 전환하다) / 度(바라밀. 완전한 상태) : 완전한 상태인 무아로 옮기다'와, '極樂(=무아의 나) / 往(향하여) / 生(一(天) + 二(地) + 人 : 바르게 이루겠다)'으로 보면, '무아의 나'를 바르게 만들겠다는 뜻이니, 의미라도 알고들 해야 그나마 사기꾼들로 전락하지 않게 되는 것이다.

같은 의미로 방생(放生)도 물고기나 살아있는 짐승을 놔주는 것이 아니라, 탐진치에 가둬진 나자신을 방생(放:널리 펴다, 넓히다. / 生:만들다) 곧, 널리 펼쳐 만드는 것이니 보문품의 넓은문이 되는 것과 같다.

명심하라. 외부에 문제가 있다고 생각하여 귀신을 불러다가 제사를 하고, 가두는 위패를 만들고, 돈으로 방생한다고 하는 짓은 하지 말아야 한다. 언제나 나의 내부에 모든 문제와 답이 존재한다.

142) *귀신(鬼神) -->인간, 태아, 욕망, 번뇌가 되풀이 되어 나타나다의 의미를 지닌다. p.77 '測字破字로 본 鬼의 해석' 참조

*무명이 만들어내는 착각귀신
 ①무명으로 인한 어리석음으로 없던 귀신을 나 자신이 만든다.
 ②착각귀신이 생겨나 형성된 자신을 유지하기 위해 소원을 들어 주는 것 같은 형태의 거래를 한다.
  -->그러나 그 거래는 자신을 유지시키려 에너지를 얻기 위한 것이므로 절대로 1:1의 거래가 될 수가 없고, 잘해봐야 10:9이니 결국에는 대가로 공물을 주는 자가 손해를 보게

되는데, 그런 이치를 모르면 소원이 이뤄진 것보다 더 큰 대가를 치렀음을 알지 못하고 소원이 이뤄졌다고 생각하여 계속 거래를 하게 된다.

-->즉, 먹이(공물)를 줄때마다 커짐 ->점점 커지면서 통제가 어려움 ->다른 사람에게도 영향 ->다른 사람의 있다고 생각하는 착각귀신과 합쳐져 더 커짐.

③팔공산 돌부처

-->인간의 욕망이 오랜 기간 쌓여 모인 염원귀신 요물이다.

-->인기를 먹고사는 연예인, 흡혈귀와 다르지 않다.

-->욕망이 돌멩이 따위를 귀신으로 만드는데 나를 무엇으로든 못 만들건가 --->그러나 반드시 대가가 있다.

-->한가지 소원을 들어주는 돌멩이 귀신 따위가 될 것인가. 바른 세상의 부분이자 전체가 될 것인가.

-->승려의 할일은 돌덩이 앞에서 소원성취기도하는 것이 아니라, 돌불상에 묻혀진 수많은 욕망들을 벗기고, 바르고 참된나를 비추는 서원의 거울불상을 만들어 가는 것이다.

*운명을 맞춘다는 사주역학, 무당, 신통력의 이해

① 신통력 --> 수행의 결과로 인과의 법칙을 통찰하기 때문이다. 신통이라기보다는 당연한 이치인데, 그러나 그것에 빠져 벗어나지 못하게 되면 곧 바로 사도(邪道)로 가는 것이다.

② 사주역학 --> 우주를 구성하는 음양오행의 법칙과 요소에 대한 통계적 관점이다. 30%정도는 예측이 가능하다고 본다. 그러나 근본적으로 70%이상은 '나의 존재'는 '나'라는 주체가 만들어가는 것이기 때문에, 부처님께서도 운명론을 부정하고 점술 같은 것을 하지 말도록 경계하신 것이다.

③ 무당이 신점으로 맞추는 이유 --> 무명으로 내가 만든 착각귀신과 무당이 만든 착각귀신이 만나, 귀신끼리 연결되는 것이다. 이때 대개는 내가 만든 귀신보다는 무당이 만든 귀신의 사이즈가

5. 무상의 세계에서 '무아의 나'가 되면 = 뭐든지 된다('인+연' = 열반 · 무상정등각) ==>진리의 공식

<<선22 -진짜 신기한 것(진짜 놀라울만한 일)>

①관세음보살상 출현, 우담바라꽃
 --우주자체가 그대로 놀라움인데 그게 뭐가 신기한가.
 --태양이 하늘에 떠있는 것은 안 신기한가.
 --모든 존재가 저마다 생명을 지니고 있는 것은 안 신기한가.
 --내 옆의 사람들(친구·가족·친지 등)이 관세음인데 안 신기한가.

②진짜 놀라울만한 일
 : 무아는 모든것이 될 수 있다는 것이다.('인+연'이 어떤 조합이냐에 따라 다르게 만들어짐)
 따라서 묘하다는 일들(이적, 보살상출현, 우담바라꽃, 성모눈물, 예수 얼굴 등등)은 불교의 시각에서 보면 있을 수도 있는 당연한 일인데, 그런 것으로 소란을 떠는 것이 더 놀라울 만한 일이다.143) 놀랍지 않은 것에 놀라는 것이야말로 정말 놀라운 일이

갖다 바치는 공물 등을 먹고 더 자라서 크기 때문에, 내가 만든 귀신이 전하는 나의 상황을, 무당이 만든 귀신이 듣고 무당의 입을 통해 전하는 것에 불과하다. 결국 현상적으로 보이지는 않아도, 자기자신이 남에게 자기 이야기를 하고는 어떻게 알았냐고 하는 것과 똑같다. 무당의 경우도 착각귀신이 업식에 잠복해 있다가 나타나는 것으로 볼 수 있는데, 2대 3대를 이어 무당이 되는 경우도 그를 다른 후손이라고 보기보다는, 착각귀신이 잠복한 자신의 업식이 다시 돌아 나타난 것으로 보아야 한다.
143) 불상이나 탑과 같은 불교물이 오래되었다고 해서 영험이 있

다.

불교는 신기하다고 하는 것들을 당연하게 보게 하는, 볼 수 있게 하는 종교, 가르침이다. 왜냐하면 '무아의 나 = 모든것이 될 수 있다'이기 때문이다. >

다는 등 하면서 불교방송에 돈 내고 광고하며 선전하기도 하고 (불교방송도 재정적 이유 같은 것이 있겠지만 문제가 너무 많다), 또 그런 것들을 찾아다니며 순례한다는 어리석은 이들이 너무도 많다. 더구나 따지고 보면 그것들이 오래돼봐야 부처님 이후에 생겨난 것들이니, 가장 영험한 것은 부처님이 아니겠는가. 상(像)이나 탑(塔), 기물에 현혹되어서는 안된다. 그것이 상(相)에 머물지 말라는 부처님의 바른 가르침일텐데, 그 가르침이야말로 가장 영험한 것이다.

Ⅴ. 미3 -무아가 되면 모든게 다된다(절대적 믿음)

1. 나라는 것은 없지만 궁극의 나는 있다.(정품의 부속들이 합쳐 법계완성)

2. 무아가 되면 모든게 다 된다.
① 황당한가? 믿지 않는가? -->문제제기, 이론과 가설

② 이론과 가설 ->무상과 무아에 적용.
　→이렇게 하면 이렇게 될 것이다 -->이론과 가설을 세운다.
　→그러나 실제 이것은 필요 없다. 왜냐하면 이미 해본 사람이 있다.
　　바로 석가모니. 그러니 따라 하기만 하면 된다.(실천)

③ 증명자 =>석가모니 →이때 절대적 믿음이 필요하다.
　　　　　　　　　　　　　만일 믿지 못하겠으면 자신이 처음부터
　　　　　　　　　　　　　시작해서, 이가모니·김가모니...가 되어야
　　　　　　　　　　　　　한다.

3. 믿음
① 절대적 믿음 -->진리, 증명됨 =>얻어지는 것도 진리, 영원(항
　　　　　　　　　　　　　　　존(恒存))

② 맹목적 믿음 -->불확실 =>얻어지는 것도 일시적, 잠시 미룸.
　→어떤 계기로 일시적으로 법계가 감응되어 무언가를 얻을
　　런지도 모르나, 그러나 내가(身口意가) 그 감응의 동기나

원인을 유지하지 못하므로(얻고자 하는 것이 욕망이기
때문에 언젠가는 번뇌와 고통을 불러와 다시 오염됨) 오
래 갈수가 없는 것.
이것은 마치 죽은자가 잠시 살아난 것과 같다.[144]
이런것을 기적이라 하며 따르게 되면 무아의 체득은 불
가능.

③믿음의 차이 -->다른 시각
　→신의 뜻: 불확실한, 보장 없는 맹목적 믿음의 길
　→불교: 확실하게 보장된 절대적 믿음의 길

---

144) *비명횡사(非命橫死)의 종류

非命 --> 命(목숨, 本元, 진리, 明)이 아니다. 바르지 않다. 그러니
橫死한다.

①육신의 죽음 -> 몸을 바꿔 윤회하면 되니 가장 좋은 상태라고
도 할 수 있다.

②정신(意識)의 죽음 -> 식물인간상태 -->이건희 . 이건희는 그
상태에서 공덕이라도 쌓고 있다. 이건희니까 누구 한사람이라도
보고, 그렇게 살아서는 안된다하고 느끼지 유명하지 않으면 그것
도 안 된다.

③인간으로서의 죽음 -> 껍데기는 인간이나 인간이 아니라는 말
을 듣는 자들로, 작금에 이러한 비명횡사자들이 너무나 많이 있
다. 사실은 우리 대부분이 인간으로서 죽은 이런 비명횡사자들의
경우일 것이다.

이것을 알아야 비명(非命)에서 명(明, 진리)으로 바꾸어 갈 수 있
는 것이다.

<선2 -성경의 내용중에서 예수님은 죽은 자를 살리기도 한다. 그런데 불경가운데 이야기중에 부처님은 노파의 죽은 아들을 살리지 않고, 다만 누구나 죽는다는 무상을 말해 줄뿐이다.
그것을 두고 어떤 무지한 이들은 부처보다 예수가 한수 더 위다 등등 말하기도 한다.
그러나 그것들은 본질과는 전혀 관련이 없는 말들일 뿐이다.
이렇게 생각해보자. 성경의 이야기를 사실이라고 하자. 그렇다면 지금 그때 살아난 자와 살린 자는 어디에 있나? 모두 죽었다.
그렇게 고통을 잠시 뒤로 미룰 뿐 언젠가는 또 죽게 되고 다시 죽음을 보게 되는 것이다.

아마 예수님도 그것을 알았을 것이다. 그러나 대중의 근기가 하세이므로 어쩔 수 없이 방편을 보인 것으로 볼 수 있는데, 만일 사람들이 이렇게 살아난 몸에 집착하여 이러한 눈에 보이는 형태의 것들을 기적이네 신통이네 하며 따르게 된다면, 진정으로 예수님이 말하는 참된 영생, 곧 진리는 절대로 얻을 수가 없을 것이다. 왜냐하면 진리는, 육신 곧, 불교에서 말하는 오온으로 된 육신으로 얻는 것이 아니기 때문이다.

이렇게 절대적 믿음과 맹목적 믿음에는 진리와 진리가 아닌 것의 분명한 차이가 있는 것이다. 따라서 우리가 석가모니부처님의 그늘에 한발이라도 걸쳐놓았다면, 그 가르침에서 한 치도 벗어나서는 안 되는 것이며, 증명해보이신 가르침을 의심 없이 그대로 따르는 것이 바로 절대적 믿음이 되는 것이다.
그리고 이때의 절대적 믿음은, 신의 뜻이나 운명 등 불확실한 무언가에 의해 이뤄질 것이라는 믿음이 아니라, 이렇게 따라하기만 하면 반드시 된다는 보장의 믿음이다.
이것이 불교에서 절대적 믿음이 필요한 이유가 되는 것이다. >

4. 절대적 믿음 + 실천 =>무아의 완성 => 열반 =>무상정등각
　　　↓　　　　　　　　　　　　　　　　　　　　(부처)

　　　↳기도, 염불, 좌선, 선행, 팔정도, 바라밀...

　　　　→무아의 나가 되는 기도(빌며 달라는 기
　　　　　도가 아니다)

　　　　→무아의 나가 되는 칭명(이름의 값)

　　　　→무아의 나가 되는 좌선(번뇌의 멸. 청정
　　　　　한 그릇)

　　　　→무아의 나가 되는 경전독송(한손가락 튕
　　　　　김의 의미145))

①이때의 절대적 믿음은 신의 뜻에 의해 이뤄질 것이라는 믿음
　이 아니다. 이렇게 하면(따라 하기만 하면) 반드시 된다는 보
　장의 믿음이다. 그런데 대부분 아무것도 안하고 이뤄지기만을
　바란다.

< 여기 이 길이 있다. 가르치는 대로만 하면 반드시 된다(절대
　적 믿음). 갈 것이요. 말 것이요 -->절대적 믿음의 부족, 결여
　　-->佛의 대비심이 나타남 >

②이것이 불교에서 절대적 믿음이 필요한 이유
　　->법계가 감응(신통) -->그러한 믿음은 정품으로 가는 길이
　　　기 때문에 법계의 메커니즘이 작동.

---

145) 한 찰나가 될 수도 있고 영겁이 될 수도 있다. 즉, 시간을 말
하는 것이 아니라, 유아에서 무아로의 완성의 실천행을 의미하는
것이다.
부처님은 외적 개념의 시공을 말씀하시는게 아니라, 내적 개념의
시공을 말씀하신다. 백일, 49일, 3년 등의 유형의 시간이 아니며,
공간도 마찬가지이다. 유아의 시공은 무아의 시공과 비교되지 않
는다. 한손가락 튕기는 순간의 개념이 그것이다.

==>변함없는(절대적 믿음) 변화하는 나(좋은 '인+연'을 만들어, 만들어져가는 존재)

5. 석가모니, 예수가 말한 무아의 나란

①예수: 나를 통하지 않고는 천국(:진리)에 갈수 없다.
　　->나란 바로 '무아의 나'를 말한 것일 듯.

②석가모니: 자등명법등명
　　->自(나)란 바로 '무아의 나', 법은 진리의 법계완성
　　　→잘못 해석되면 '나믿교(나를 믿는 교)'가 된다.
　　　→불교의 '나'란 '무아의 나' = 자+타

③그런데 나를 잘되게 해주십시오 하는 잘못된 기도로는 불가능.
　　->무아의 기도가 되어야 함(무아의 나가 만들어지는)
　　->무아의 사랑이 되어야 함(예수가 말한 사랑도 이런 내면적 의미)

<<선14 -진정한 나믿교 -> 불교는 왜 불·보살이 많은가? >
　　-->나가 바로 여래 부처
　　-->나를 모르기 때문에 다른 부처를 보아야 알 수 있다.
　　-->나 = 보살·부처 = 법계
　　-->그대로가 법계·부처 ->열반적정 ->무상정등각 >

Ⅵ. 미4 -'무아의 나'가 되는 가장 하기 쉬운 방법은 무엇이냐?

1. 계정혜
 -계정혜로 나의 수준(레벨)을 높여 법계에 맞춘다
 -무아의 나 ->부처가 되고 싶으면 부처, 싫으면 수준에 맞춰서
　좋은 무엇이든... 절망이 희망으로, 안되는 것을 되게 한다.

2. 방법

 ①기도: 법계와 감응, 공명==>간절함, 절대적 믿음(정품, 열반에
　　　　　대한)
　　　　　무아의 기도 ->감응의 시작·출발, 목표와 교신, 목적을
　　　　　알림(선업이어야), 가야할 방향, 배의 조타장치, 항해장
　　　　　치, 자동차의 핸들, 나침반과 같다 -->잘못 조작되면 대
　　　　　형사고

 ②염불·독송: 부처를 생각. 입으로 중얼거림이 아닌 생각(바로 보
 는 것). 부처를 마음속에 생각하면('무아의 나') 그대로 32상 80
 종호

 ③선법: 신구의의 그릇을 크고 넓고 깊고 깨끗하게 만듦.
　　　　　대우주와 똑같은 소우주(소법계) 생성 →법계와 공조[146)]

---

146) 프랙탈(fractal)은 작은 구조가 전체 구조와 비슷한 형태로
끝없이 되풀이 되는 구조를 말한다.
즉, 부분과 전체가 똑같은 모양을 하고 있다는 자기 유사성
(self-similarity)과 순환성(recursiveness)을 기하학적으로 푼 것으
로, 단순한 구조가 끊임없이 반복되면서 복잡하고 묘한 전체 구조

④실천행: 팔정도(戒:正語·正業·正命/ 定:正精進·正念·正定/ 慧:正見·正思惟)147), 바라밀...

를 만든다는 것이다.

카오스 이론이 겉으로 보기에는 무질서하고 예측이 어려운 현상 속에서 어떤 질서와 규칙성을 가지고 있음을 설명하고자 하는 것이라면, 혼돈의 세계를 잘 설명해주는 이론 중 하나가 바로 프랙탈이론으로, 그 혼돈된 상태의 공간적 구조로 기하학적이고도 규칙적으로 나타난 모형이 프랙탈 구조라고 보는 것이다.

그렇게 볼때 우주세계는 멀티프랙탈 구조라고 할 수가 있는데, 법성게(法性偈)에서 프랙탈이론을 찾아볼 수가 있다.

"一中一切多中一 一卽一切多卽一

一味塵中含十方 一切塵中亦如是

無量遠劫卽一念 一念卽是無量劫

하나중에 일체있고 일체중에 하나있어

하나또한 곧일체요 일체또한 곧하나라.

하나티끌 그가운데 시방세계 머금었고

하나하나 티끌속도 다시또한 그러해라.

한이없이 아득한 무량겁이 일념이요

한생각의 짧은시간 한이없는 겁이어라."

곧, 우주법계와 나자신인 소법계가 본질적으로 동일한 실체이며, 나의 무한한 프랙탈적 확대가 바로 우주법계라고 할 수 있다. 이는 일체법에 적용되는 것으로 불교에서는 이를 중중무진법계(重重無盡法界)라고 말한다. 제석천의 하늘을 덮고 있다는 그물이라는 표현으로 제망찰해(帝網刹海) 또는 인드라망이라고 하는데, 시공을 초월한 연기의 중중(重重:겹겹)으로, 온 우주가 그물코들로 연결되어 있음을 나타내는 우주 구성의 원리를 나타내는 다중프랙탈적 관점인것이다.

147) 팔정도는 팔지성도(八支聖道)라고도 하는데, 다음의 여덟 가지로 구성되어있다. 첫 번째, 정견(正見:samma-ditthi)으로, 고(苦)

138

VII. 미5 -무아의 화두 -선수행을 하는 이유

1. 좌선을 하면

①삼매의 집중이 강화되고, 있던 번뇌가 제거, 들어올 번뇌를 막아 번뇌의 자리에 선업이 쌓이고 몸과 마음이 청정.(여래장이 드러남)

②정신과 물질을 구분해 안다 →일부러 나누어 보는 것이 아니라 저절로 알게 됨.

③모든 현상은 정신과 물질에서 생겨남을 앎.

와 사성제에 대한 바른 견해, 즉 바른 앎을 말한다. 두 번째, 정사유(正思惟:samma-sankappa)로, 바른 앎을 바탕으로 어떤 행위를 하기 전에 중도(中道)에 벗어나는 것이 아닌지 바른 생각을 하는 것이다. 세 번째, 정어(正語:samma-vaca)로, 바른 앎과 바른 생각을 바탕으로 바른말을 하는 것을 말한다. 네 번째, 정업(正業:samma-kammanta)으로, 바깥 대상에 지나치게 치우치지 않는 바른 행동을 말한다. 다섯 번째, 정명(正命:samma-ajiva)으로, 삶이나 관계 그리고 역할에 있어서 몸과 마음가짐이 자기근본자리를 잃지 않는 바른 생활을 말한다.

여섯 번째, 정정진(正精進:samma-vayama)으로, 중도에 벗어나지 않도록 끊임없이 힘쓰는 바른 노력이다. 일곱 번째, 정념(正念:samma-sati)으로, 중도에서 벗어남을 알아차림이다. 여덟 번째, 정정(正定:samma-samadhi)으로, 중도에서 벗어난 행위를 무상·고·무아라는 세 가지 특성으로 보아 바른 마음가짐으로 마음을 고요히 하는 것이다.

④정신과 물질로 생겨나는 현상의 원인과 결과의 연결을 보게 됨.

⑤인과를 알게 되므로 무상과 무아의 제법실상(있는 그대로의 특성)을 알게 되고, 무아의 나로서 반야지혜가 생겨남.(실제 사유의 지혜가 생겨나는 것을 경험한다)
이것을 모를때 범천(창조주)이 등장하는데 이것은 올바른 견해가 아니다. 즉, 사슬과 사슬의 연결은 이해하나, 사슬의 끝과 끝을 연결하는 중간 사슬들(체인 이론)[148]을 이해하지 못할때, 범천· 운명· 우연설이 등장한다.

⑥무아의 나로서 법계(정품, 열반=이익과 공덕과 훌륭함과 존경받음이 있는 길 -->최상의 길)에 합치되어, 법계 그 자체로 작동됨(메커니즘 작동. 무상정등각)

2. 수행

①번뇌의 열기를 제거하여 청정케 함.

②수행이 없이 법이 없는 곳
: 번뇌의 열기(共業)가 나와 남, 세계, 기후(이상난동· 가뭄· 태풍· 해일· 지진 등), 태양, 별자리, 우주의 흐름까지 바꿔 좋지 않은 일을 발생시킨다.

---

148) 체인의 한쪽 끝을 잡고 휘두르면 다른 한쪽 끝이 때리게 된다. 이것은 중간의 체인들에 의해 연결되는 인과에 의한 것으로 공업(共業)이기도 하다. 이렇게 체인처럼 서로 연결되어 작용하는 인과를 이해하지 못하면, 끝과 끝의 극단만을 보는 오류를 범하게 된다.

③선수행

  ⓐ청정 ->자신의 내면이 청정(선업이 생김) 평화로워짐.

      나, 주위, 기후, 세계, 우주가 평화로워짐.149)

       (ex: 좋은 기후의 농사 ->영양 풍부한 작물, 이걸 먹으

---

149) 카오스(Chaos)란 컴컴한 텅 빈 공간을 뜻하는 그리스어로, 우주가 발생하기 이전의 원시 상태인 혼돈(混沌)을 의미하는데, 이 용어에서 생겨난 카오스(Chaos)이론은 물리학적인 개념으로는 불규칙적인 결정론적 운동을 가리키는 것으로, 겉으로 보기에는 무질서하고 예측이 어려운 현상 속에서, 어떤 질서와 규칙성을 가지고 있음을 설명하고자 하는 이론으로, 안정적으로 보이면서도 안정적이지 않고, 안정적이지 않은 것처럼 보이면서도 안정적인 현상을 설명한다.

카오스이론을 잘 설명하는 나비효과(Butterfly Effect)는, 지구상 어디에선가 일어난 조그만 변화가 예측할 수 없는 변화무쌍한 날씨를 만들어낼 수도 있다고 보는 것인데, 이러한 생각은 기존의 물리학으로 설명할 수 없는, '초기 조건에의 민감한 의존성', 곧 작은 변화가 결과적으로 엄청난 변화를 일으킬 수 있다는 사실을 보여 준다.

결과적으로 카오스 이론은 무질서하고 예측이 어려운 현상 속의 정연한 질서를 밝혀 새로운 이해 방법 또는 사고방식을 제시하고자 하는 것이므로, 정확한 시작점을 안다면 이후의 변화되는 과정의 예측과 재현이 가능하다.

기실 카오스 이론이나 프랙탈 이론같은 것들은 불교의 연기법을 물리학적 관점에서 극히 부분적으로 바라본 것으로, 연기와 인과의 법칙이 일체의 제법에 적용되는 근원적법칙임을 안다면, 딱히 새로울 것이 없는 설명들이지만, 다만 불교의 연기와 인과에 대한 이해가 없더라도, 그를 통해 모든 현상의 원인이 나의 작은 행동에 있음을 인지하고, 무책임한 행동을 없애고 공업에 대한 깊은 숙고와 성찰의 계기가 될 수 있으리라고 본다.

니 오래 삶)

ⓑ수행의 공덕 ->절대적 믿음이 필요(반드시 되는 것)

④그러므로 지금 내가 있는 이곳에서부터 세계로 퍼져가도록
수행해야할 것.150)

->수행자는 이것밖에 할 게 없다.151)

---

150) *공간의 확장에 대하여

예컨대 주위에 죽는 사람이 많이 생겼을 때 대개는 이것이 나쁜
일이 아닌가하고 생각하게 된다. 그런데 공간을 확장해보면 아프
리카, 중동 등 여기저기서 수없이 많은 사람들이 죽고 있다.

그렇게 수많은 존재들의 생멸을 생각하고, 그를 통해 나의생멸을
생각하고 좁은 관점의 시각이 아닌 넓은 관점의 시각으로 세상을
본다면,

'나의 에너지 충만하여 그런 일들에 회향하여야겠다.'

'나의 에너지 감소하여 그런 일들이 발생하니 나의 수준을 높여야
겠다.' 하는 이것이 수행의 요지일 것이다.

151) *잘못된 수행의 방향

사찰음식이라고 해서 몇몇 승려들과 일반인들을 통해 알려지고
있는 것 같다. 그런데 사실 이 사찰음식이란것의 정체를 들여다보
면 원래 사찰의 음식이 따로 있지가 않았던 것이니, 부처님 당시
로 돌아간다면 걸식해 얻어온 음식일 것인데, 주면 주는 대로 안
주면 안주는 대로 최소로 몸을 유지해 수행하기 위해 먹는 것이
지, 무슨 웰빙에 건강음식에 허망한 소리란 말인가.

금강경 법회인유분(法會因由分)에 이 구절이 있다. "爾時 世尊 食
時 着衣持鉢 入舍衛大城 乞食 於其城中 次第乞已 還至本處 飯食
訖 收衣鉢 洗足已 敷座而坐. 그때에 세존께서 공양 때가 되어 가
사를 입고 발우를 들고 사위대성에 걸식하고자 들어가셨다. 그 성
안에서 차례로 걸식을 마치고 본래의 처소로 돌아와, 공양을 드시
고 나서 가사와 발우를 거두고 발을 씻으시고는 자리를 펴고 앉

으셨다."

부처님이 걸식을 하셨다는 이 구절을 통해 말할수 있는 금강경의 이념은 한마디로 '무소유' 곧 '무아'인 것이다. 그리고 승려가 걸식해야 하는 이유도 '무소유' 곧 '무아'로 나아가고자 함인 것이다. 이것이 출가 수행자가 지켜야 할 청정한 생활양식으로 사의지(四依止)를 강조한 까닭이기도 하다.

물론 불교가 전파된 각 나라의 사찰마다 오랜 문화적 관습이 적용될 수도 있겠으나, 그 본질을 벗어나게 되면 정당화의 탈을 쓰고 해악이 되는 것이다. 음식의 모양을 꾸미고 간장·고추장·된장 담는 것이 '유아의 소유'를 불러올지언정 어찌 수행이 될 수가 있겠는가.

당나라의 승려 백장회해(百丈懷海)가 선생활의 지침서라고 만든 백장청규(百丈淸規)에 '일일부작 일일불식(一日不作 一日不食)'이라 하였는데, 이를 후대에서 "하루 일하지 않으면 하루 먹지 않는다."라고 해석을 하고서는, 밭일하고 음식요리하고 된장고추장 담으며, 소유의 욕망을 유발하여 자꾸 땅을 사서 재산을 늘리고 음식사업, 숙박사업, 관광사업하는 등의 일을 마치 수행하는 것처럼 당연시하게 되었으니, 부처님께서 왜 걸식을 하시고 사의지를 수행자의 생활의 기본으로 삼았는가를 조금이라도 생각해본다면, 백장회해 본인의 본래 뜻이야 어떠했든지 해석을 잘못하였다고 밖에 말할 수가 없다.

즉, 앞의 一日(모든/ 때)은 '언제나'의 의미로, 뒤의 一日(같다, 동일하다 / 접때, 앞서)은 '앞서와 같이'의 의미로, 作은 '짓다, 만들다, 행하다, 변화하여 되다'의 의미로, 食은 '생활하다, 기르다, 현혹하다, 즐겨 먹는 것'의 의미로 본다면, "언제나 '무아의 나'로 변화하여 만들어가지 아니하고, 계속해서 '유아의 나'로 머물러 있어서는 안된다."는 뜻이 될 것이니, 수행자가 할일은 밭일하고 음식요리하고 된장고추장 담으며 사업하는 것이 아니라, --그리고 기실 이렇게 하는 이들치고 남녀의 업식을 버리지 못하고 그런일만

->알기만 하고 하지 않으면 안된다. (이것이 소승이냐 대승이냐의 시비는 무가치하다)

⑤우두머리, 모범의 중요성
->자신이 훌륭해지면·모범적이면 주위(가족, 이웃, 사회, 국가, 세계, 날씨, 농사, 기후, 우주까지)가 훌륭해진다.
->자식이 훌륭해지길 원하면 부모가 먼저 훌륭해져라.152)

잘하지 요만큼이라도 부처님처럼 되었다는 이는 보지도 듣지도 못하였다.-- 번뇌의 열기를 제거하고 자신의 내면을 청정하게 하여 지금 내가 있는 이곳에서부터 세상 모든 곳으로 퍼져가도록 수행해야하는 것이다.

152) 기도는 손모아 비는 것이 아니라, '示 +斤   示+壽' 곧, '무아의 나'가 되는 것을 말하는 것이다. 기도에 공덕이 있다면 바로 그렇게 나자신을 위한 기도를 통해서 나타나는 것이라 하겠다. 그런데 만일 다른 누구이거나 또는 자식을 위해서 기도를 한다고 하면, 그것은 그저 어떤 신적인 대상에게 손모아 비는 것이지, 나를 무아의 존재로 바꾸어 가는 것이 아니므로 공덕이 나타날리가 없을 것이다. 정말 자식을 위해 기도하고 싶다면, 먼저 자신을 위해 기도하라. 내가 건강해야 모두가 행복한 것처럼 먼저 나를 행복하게 하라. 그리고 자식은 직접 기도하는 지혜로운 사람이 될 수 있도록 하면 된다. 예컨대 자식이 공부를 잘하게 하고 싶다면 부모가 먼저 공부를 하라. 학비 다주고 지원 잘해주는데 왜 공부를 안하냐 하는 그런 부모가 되지 말아야 한다. 왜 부모는 공부하지 않고 자신들의 욕망을 자식에게만 사랑이라는 거짓이름으로 강요하는가. 또 좋은 아이를 낳고 싶다면 아이를 태교한다고 배에다 영어를 틀어놓는 그런 짓을 하지 말고, 부모가 영어공부를 해라. 태교는 아이를 위해서 하는 것이 아니다. 이 우주법계를 어머니의 자궁으로 삼아 나를 만들어가면서 살고 있는 우리들 모든 존재들이 끊임없이 해야 하는 수행이 태교인 것이다. 남을 변화

->집안의 누군가 문제가 있다면 자신이 먼저 무아가 되라.
    --> 수행하자.

->자기가 먼저 행복해져라.
    -->무아의 자신이 되라.
    -->계정혜 : 방패·청정, 집중(선업), 반야지

==>보장된 공덕을 믿고 실천수행 -->반드시 행복하게 될 것.

시키려 하지 말고 내가 먼저 지혜롭고 훌륭해지도록 하라. 그러면
주위도 모두 지혜롭고 훌륭해진다.

Ⅷ. 미6 - 무아의 화두 - 화두의 의심

1. 화두의 의심 -->2가지 의미

①화두(話頭)
ⓐ말머리, 문제의 실마리, 문제제기
ⓑ말의 시작 -->말 이전과 말 이후의 구분.
ⓒ말의 근원 -->근원을 보지 못하고 겉말에 빠지면 안 됨.

②화두를 의심하라는 것은 말의 함정에 빠진 것이다.
=>즉, 의심할 것은 '왜 그랬을까?'라는 말이나 글로 표현된 화두문장이 아니다.
말이나 글도 따져보면 인과 연의 모임(말: 생각+공기+성대+혀...등, 글: 생각+종이+물+색소...등) 으로 이루어진 것, 궁극적으로 무아이다.
따라서 '어째서, 왜 그랬을까?'라고 의심하는 것이 아니라,

ⓐ화두문장 자체가 '무아를 말하는 단어적 의미를 지닌 말'임을 알아야 하는 것이다.
ⓑ또 어떤 화두이든 모두 무아로 만들어진 것(말과 글도 인과 연의 모임), 곧 무아다.

=>따라서 화두를 의심하라는 것은 그 문장 자체가(모든 현상이) 실재(實在)현상이 아님을 의심해야 한다는 것, 즉, 문장 자체가 실재함이 없는 것(결국은 모든 존재현상이), 곧 무아다.

③굉장히 단순한 의미를 가진 수행방법인데, 그것을 심오하듯 어렵게 표현하고 말하니 그 해석이 더 어려움.

④화두를 건네는 자도 잘 알지 못하고, 화두에 대해 깨달음이라는 미명하에 어떤 말도 하지 못하게 틀어막는 것을 당연하게 여기는 이상한 풍조 속에서, 화두가 뭔지 선을 왜 하는지, 이해와 의미 없이 화두를 생각하며 앉아 벌서고 있으면 안 된다.

2. 따라서 '조주가 왜 무라 했을까?' 라고 조주의 생각을 의심하라는 것이 아니고,

'조주도, 조주의 말도, 화두도'(=제법이) 모두 무아임을 지금 현상을 의심해 알라는 말이다.

그것을 옛 유명한 선사들이 멋있게 껍데기 씌워 말하니까 뭔가 그럴듯(?) -그런 껍데기가 아닌 무아라는 근원적 말을 더 그럴듯하게 여겨야함에도- 겉멋 들어 문장자체에 빠져버린 것이다.153)

---

153) 추운 북극의 에스키모족들은 볼일 보는 곳에 새끼줄 같은 것을 양쪽으로 걸어 놓고, 볼일을 다 본 뒤에 다리 사이로 줄을 통과함으로써 밑을 닦았다고 한다.

옛날 중국에서도 변소간의 밑닦는 휴지와 같은 것으로 똥막대기가 있었다. 그리고 그 똥막대기를 대상으로 '어떤 것이 부처인가'라는 물음에 '간시궐(乾屎橛): 마른 똥막대기다' 하는 화두가 있다. 결국 지금 눈앞에 나타난 똥막대기도 제법이 모두 무아임을 나타내는 말인데, 만일 그때 똥이 눈앞에 보였다면 '똥이다' 라고 했을 것이다. 그러니 상황과 의미를 알아야지 화두문장에 얽매여 똥막대기만 생각하고 있으면 아무 소용이 없는 것이다.

무술을 한다는 사람들이 다리찢기 스트레칭에 많이 매달리고는 하는데, 물론 다리찢기가 잘되면 발차기가 잘되는 효과가 있겠지만, 다리를 잘 찢어서 무술을 잘한다면 무용(舞踊)하는 사람이 무술을 더 잘한다고 해야 할 것이다.

'책을 보지 마라'는 것이 말 그대로 '책을 보지 마라'는 것이 아니라, 글이나 말과 사람을 동일시하는 것을 경계하고, 책의 문장에

그러므로 우리의 신구의가 그대로 법신설법이듯, 우리의 말도, 글도, 행동도 모두 화두로서 무아인 것이다.(화두가 별게 아니다. 모든 존재현상이 화두(=무아)다.)

3. 화두의 의미

① 말뜻 그대로의 의미: 무(無), 이게 무엇인가(是甚麼), 판치생모
(板齒生毛)
   -->단어적 의미로서 무아를 표현

② 화두문장 한 덩어리 자체: 말, 글, 생각으로 이루어진 지금 현상은(=제법) 무아이다.

   =>의심은 이것을 의심해 아는 것이다.
      왜, 어째서(이것이) 무인가, 무라 했나?
         -->대상의 특성을(무상·무아임을) 알고 집중.

③ 결국 화두란
   →제행무상, 제법무아(이것이 더 근접한 듯 보인다)의 다른 표현이다.
   →모든 것은 무아임을 표현하는 대표성을 갖는 말·단어로 선택함.
   →불상, 염불==거울을 보듯 반영적 방법인 것처럼, 무아를 표현할 반영적 용어로, 화두(무, 이게 무엇인가 등)를 씀.
      그런데 이것은 관세음보살과 같은 감응을 끌어내기 위한

빠져 진리를 보지 못하는 우를 범하지 마라는 뜻이겠으니, 화두 또한 그렇다. 그런데 정말 하는 말 그대로 책을 보지 않는 이들이 많으니 그것이 문제이다.

반영적 방법이 아니라, 무아를 표현하기 위한 반영적 방법
이기 때문에 염불하듯이 소리내는 것이 아니고, 마음의 눈
(심안, 지혜안)으로 보고 파악해 알아야 하는 것이다.
'왜, 어째서 무인가 무라 했나?'는 그런 의미이다.

==>화두 = 무아의 발견(무아를 발견하는 것)

Ⅸ. 미7 - 무아의 화두 - 無자 화두

1. 無자 화두

: 개에게 불성이 있냐, 없냐?

　①부처님 →있다 -->중생을 무아로 봄.
　　묻는 사람의 수준 ~>개를 개로 보지 않고 무아로 봄.

　　　=> 일체중생실유불성(一切衆生悉有佛性)
　　　　　~>무아로 본 중생
　　　　　~>佛=人+弗: 인상(人相)을 벗어난 무아의 존재

　②조주 →없다 -->아·인·중생·수자가 있는 상태.
　　묻는 사람의 수준 ~>개를 개로(개상으로)보고 물음.(ex: 이성
　　　　　　　　　　　계와 무학대사의 돼지와 부처 이야기)154)

---

154) 부처님과 제자들인 수보리나 사리자의 문답과, 조주와 제자
의 문답은 같은 의미를 지닌다. 이미 수준에 올라있는 분들로 보
여주기 위한 퍼포먼스인 것이다.
'개에게 불성이 있나 없나' 했을 때, 개는 아인중생수자의 대표자
인 '인상(人相)' 대신 '개상(犬相)으로 등장한 것이니, 없다하면 개
를 개로 본 것, 곧 아인중생수자의 유아(有我)로 보았으니 없다고
할 밖이다. 있다하면 개를 무아(無我)로 본 것이니, 불성이란 무엇
이든 될 수 있는 무아의 다른 이름이다.
다시 말해 만일 컵을 들고 '이것이 무엇인가' 물을 때, 다만 '컵'이
라 한다면 유아의 컵만을 말하는 것이니 불성이 없을 것이고, 만
일 '뭐라고 말할 수 없는 것' 이라고 하였다면 '뭐라고 말할 수 없
으나 무엇이든 될 수 있는 것'인 무아로서 불성이 있다고 하겠다.

2. 무아를 화두에 적용하여 해석

①판치생모(板齒生毛)
: 입닥치라는 엉터리 해석이 아니다. 이빨에 털이 안난 것이 본 모습인가? 그것이 변하지 않는 법칙인가?

->아니다. 현상의 모습만으로 본다면, 무아가 되면 이빨에 털이 난 것도 당연하다.(인+ 연이 어떤 조합이냐에 따라 다르게 만들어짐)
->한눈 있는 곳에 두 눈 가진 사람이 가면 병신 ~>무아란 이런 것이다.
->그런데 만일 이빨에 털이 난 것이 이상하고 웃기다면 무아를 알지 못하는 것이다.

②뜰 앞에 잣나무(庭前栢樹子)
: 뜰, 잣나무, 앞155) ->본질이 무엇인가? 모두가 무아다.

③이게 무엇인가(是甚麼)
: 알 수 없는 본래 한 물건 ->무아이기 때문에 이것이라 할 수도 저것이라 할 수도 없다. 말, 글로는 표현을 할 수 없음.

④어려운 이야기를 할 필요 없이, 예컨대 나의 모습이 말로 글로 정확히 표현되는가?
모든 것이 다 그렇게 말로 글로 표현할 수가 없다. 즉, 무아이기 때문에 이것이다라고 한 마디로 규정되어지지 않는다.
그래서 알 수 없다는 말은 모른다는 말이 아니라 표현할 수 없는 것일 뿐이다.

---

155) 방향의 기준은 무엇인가? 본래 방향이라는 것은 존재하지 않으니, 그대로 무아이다.

그러므로 알 수가 없으면 안 된다. 흐리멍텅하게, 뜬구름 잡는 식으로, 어물쩍 넘어가면 안 된다. 그건 모르는 것이다. 최대한 알아야한다. 그게 안 되면 근접해서라도.

⑤따지지 말라는 것은 절대적 믿음(부처님, 가르침, 열반, 무상정 등각)을 따지지 말라는 것이지(無記), 모르는 것을 알기위해 따지는 것을 하지 말라는 것이 아니다. 모른 채 그냥 두라는 것이 아니다. 그러면 그냥 십년, 이십년, 삼십년을 앉아있기만 하게 되는 것이다.
이것이 오늘의 한국선방의 문제이다.

<<선21 -불교는 종교다 >

①종교란 무엇인가.
　: 종교의 구성요소 ==> 교주 - 법 - 신도156)

---

156) 신도(信徒)를 단순히 종교를 믿는 사람들이라는 뜻으로 보아서는 안된다.
信 = 人(:身) + 言(:口), 곧 신구(身口)가 작용하여 생기는 의(意)와 조화되어 나타난 것이다.
'意는 다시 마음인 心이니, 마음은 각종 마음작용과 업을 쌓고 일으키는 집기(集起)의 작용으로서의 심(心)과, 생각하고 헤아리는 사량(思量)의 작용으로서의 의(意)와, 대상을 인식하는 요별(了別), 즉 앎 또는 분별의 작용으로서의 식(識)으로 구별하나, 계정혜의 삼발이와 같이 서로 다른 것이 아니라 하나를 가리킬 뿐이다.
그러니 신도란 신구의(:정신과 물질)를 하나로 조화하여 나아가겠다고 서원하는 것이며, 집기하고 사량하고 분별하는 이 마음이 결국 오온(五蘊)이 공(空)함을 꿰뚫고 반야지혜로 나아가겠다고 좇아나감(徒)을 말하는 것이다. 그러므로 나자신이 어떻게 나아가는

②불교는 종교이다

　　ⓐ교주와 법을 아는 제자가 있어야 하는 것.

　　　->교주와 법을 모른 채 깨달음만을 구하는 것은 불교가 아니다.

　　　->그것은 어떤 종교, 또는 종교가 아닌 것도 할 수 있는 것이다.

　　ⓑ정혜쌍수, 삼학(계정혜) -->법에서 나온다.

　　　->어느 한 가지만 강조되는 것이 아니다.

　　　->한 가지만 강조하는 것은 종교가 될 수 있는 이유를 버리는 것이다.

　　　->절름발이가 되어서는 안 된다.

③선만을 추구하여 깨달음을 얻는 것

　　->불교가 아니다. 종교가 아닌 것이다.

　　->불교의 하나의 방법을 사용하여 깨달음으로 가는 것일뿐, 종교인 불교가 될 수 없다.

　　->석가모니 -->내가 한말은 모두 헛것, 참선만을 하라했나(?)

　　->지금 말하고 있는 그 논리나 단어들은 어디서 가져왔는가?

　　　　-->읽거나 보고 들었다.

　　　　-->비약하면 자신은 봐도 되고 다른 사람은 보면 안되나?157)

신도인가를 성찰해야한다. 어디절 신도 어떤스님 신도라고 하면서 신도라는 말을 가치없이 함부로 쓰지 말라는 말이다.

157) 예전에 성철승려가 선공부하는 승려들에게 책을 읽지 말라고 하였다고 한다. 책을 많이 보았다는 그가 만일 실제 그런말을 하였다면, 본래의 뜻은 책을 보지 마라는 것이 아니라, 글이나 말과 사람을 동일시하는 것을 경계하고, 책의 문장에 빠져 진리를 보지 못하는 우를 범하지 마라는 뜻이었겠으나, 현실의 어리석은 자들은 그 말한 그대로에 빠져 불립문자 운운하며, 경전이나 책을

④경전은 그야말로 부처님의 말씀인 것

　->경전은 그 자체가 숭배의 대상, 신앙의 대상이 아니다.[158]
　　철학이나 어려운 이야기도 아니다.

　->경전은 오래전에 한 진리의 말씀을, 가르침을 기록해 놓은
　　것이다. 그때의 말씀을 지금 들을 수 없으니 기록한 것이
　　다. 오래전에 한 녹음설법과 같다.[159]
　　우리는 지금 그 앞에서 다시 말씀을 들으면 된다. 그리고
　　따라가면 된다.
　　시험은 없다. 그러나 팔정도 등의 실천은 필수이다.(절대적
　　믿음 + 실천행)　>

<<미13 -불립문자, 교외별전의 참뜻 >

　: 희론(戱論), 아비달마화에 대한 경계일 뿐, 부처님 말씀(경전)
을 떠난 불교는 없다. 그건 종교가 아니다. 말씀이 곧 법을 설해
놓은 것이다. 그런데 부처님 말씀 하나, 아비달마 교리 한줄의

보지 않는 것을 수행으로 착각하여 불법에 무지하고, 자신의 어리
석은 소견을 부처님이 하신 말씀인 것처럼 하고 있는 자들이 도
처에 너무 많다는 것은 큰 문제가 아닐 수 없다.

158) 경전을 엮은 책이 오래돼서 낡아지면 신성시 하듯이 태워
종이 낭비하지 말고, 재활용 폐지로 사용하면 된다. 그것이 부처
님의 올바른 뜻일 것이다.

159) 설법이 훌륭하냐 아니냐를 떠나서, 몇 십년전에 죽은 어느
큰스님이라는 승려의 설법 녹음을 참선시나 영가법문에 들려주면
서도, 경전은 보지 마라하는 곳도 있으니, 경전이란 부처님이 말
씀하신 설법으로, 만일 부처님께서 녹음을 하였다고 한다면 설법
녹음인 것인데, 그렇다면 부처님 설법은 듣지 말고 몇 십년전 죽
은 소위 큰스님이라는 귀신의 설법은 들으라는 것인지 우습기가
그지없다.

본질도 이해 못하는, 말 그대로 어중이떠중이들이 부처님 말씀이 아닌 자기 말을 진리라 하며 잘못된 말들을 하고 있다.(경전보지 마라. 선이 최고다 등)160)

부처님 말씀을 따르지 않으려면! 쓸모없는 네 말이나 하려면! 승가에서 나가서 하든지, 아니면 네가 석가모니 대신에 김가모니, 이가모니, 박가모니가 되고난 후에 해라. 그건 축하할일이다. 그러나 짝퉁도 아닌 사기꾼이 되면 안 된다. >

---

160) 부처님이 열반시 아난에게 소소(小小)한 계는 버리라고 하셨다는 말씀이 사실이라고 한다면, 소소하다는 말은 작다는 말이 아니라 본질을 흐리는 것을 말한 것일테니, 그 말의 본의는 말이나 문장에 매여 본질을 흐리게 잘못 해석하지 마라는 것으로, 버릴것이 없음에도 버리라한 본래의 뜻일 것이다. 그런데 예전에 베트남의 어떤 유명 승려나, 한국에서도 일부 승려들과 재가학자들이 시대상황에 맞춰 계를 바꿔야 한다고 웃기지도 않는 짓을 하기도 하는데, 계를 정말 시대 상황에 맞추는 것도 아닌 자기들 좋은 대로 입맛에 맞추려하니 그것이 문제이다.

예수도 계의 본질과 실천에 대하여 이렇게 말한 것이 있다.

마태복음 5:19. "그러므로 누구든지 이 계명 중에 지극히 작은 것 하나라도 버리고, 또 그같이 사람을 가르치는 자는 천국에서 지극히 작다 일컬음을 받을 것이요. 누구든지 이를 행하며 가르치는 자는 천국에서 크다 일컬음을 받으리라. Anyone who breaks one of the least of these commandments and teaches others to do the same will be called least in the kingdom of heaven, but whoever practices and teaches these commands will be called great in the kingdom of heaven.

<< 소소계(小小戒)에 대한 소고(小考)>

: 경전을 번역할 때 단어의 직역(直譯)과 의역(意譯)의 문제가 아니라, 문장에 담긴 말하고자 하는 본래의미를 어떻게 해석(解釋)하여 보느냐에 따라, 본질적 개념이 완전히 다르게 나타날 수가 있다. 그런 해석의 관점에서, 본 저자가 소소계(小小戒)의 내용이 담겨있는 대반열반경의 한역본과 팔리본, 영역본, 한글번역본 등을 비교하고, 짧은 견해를 주석하여 본다.

1) 장아함경 유행경의 소소계[161]

『佛說長阿含經』卷第四, 遊行經第二, 佛陀耶舍共竺佛念譯, 大正藏 1, 26a26~26b01.
"阿難 汝謂佛滅度後 無復覆護 失所持耶 勿造斯觀 我成佛來所說經戒 即是汝護 是汝所持. 阿難 自今日始 聽諸比丘捨小小戒 上下相呼 當順禮度 斯則出家敬順之法"

(기존의 한글번역)
"아난아, 너는 여래가 멸도한 뒤에는 다시 보호해 줄 이가 없어서 닦아 오던 것을 잃으리라고 생각하는가? 그런 생각은 하지 말아라. 내가 부처가 된 뒤로 지금까지 말한 경(經)과 계(戒)가 곧 너를 보호하리니, 이것이 네가 지켜야 할 일이다. 아난아, 오늘부터

---

161) 小小戒(khuddānukhuddakāni sikkhāpadāni).
『五分律』권30(大正藏22, 191b)에서는 '小小戒', 『四分律』권54(大正藏22, 967b)에서는 '雜碎戒', 『摩訶僧祇律』권32(大正藏22, 492c)에서는 '細微戒', 『十誦律』권60(大正藏23, 449b)에서는 '微細戒', 『根本說一切有部毘奈耶』권39(大正藏24, 405b)에서는 '小隨小戒',로 되어 있다.

는 모든 비구들에게 소소(小小)한 계는 버려도 좋다고 허락하노라. 윗사람과 아랫사람이 서로를 부를 때에는 마땅히 예도(禮度)를 따를 것이니 이것이 출가자의 공경하고 순종하는 법이니라."

(적행 번역)
"아난이여! 그대는 부처가 멸도한 후에는 다시 감싸 보호하지 않으니 지켜 오던 것을 잃으리라고 생각하느냐? 잠깐이라도(斯) 그리 생각하지(觀) 말아라.
내가 부처가 된 이래로 말하였던 경(經)과 계(戒)가, 곧 바르게(是) 그대를 보호할 것이니, 이것이 그대가 지켜야 할 것이다.
아난이여! 지금부터는 모든 비구들은 이 계로써 삼가하고(小:삼가다, 몸가짐이나 언행을 조심하다) 주의하여(小: 주의하다), 마음의 평정을(捨upekṣā·upekkha:완전한 평정(平定) 상태에 있는 마음, 마음의 평정) 살펴 다스려야(聽:다스리다, 살피다, 밝히다)하니, 아래 위(上下), 이쪽과 저쪽(相呼) 모두가 마땅히 따라서(順) 공경하며(禮) 닦는 최고의 실천의 덕목(度:바라밀, 완전한 상태, 보살이 닦는 덕목·수행 또는 실천)인 것으로, 이것이 곧 출가자가 공경하여 좇아 따르는 법이다."

 ===>
열반경의 대표적 가르침은 부처님의 열반 후에 경과 계를 스승으로 삼으라는 것이다. 다음으로는 조직의 위계와 체계 확립을 위한 것이라는 호칭을 어떻게 할 것인가와 그것과 연계되어지는 소소계의 문제인데, 호칭의 문제는 호칭을 단지 이름으로 볼 것인가와 본질적 의미로 볼 것인가에 따라 해석에 완전히 다른 개념이 나타난다고 할 수 있다. 기존의 번역을 통한 해석은 호칭을 단지 이름으로 보고 있는 경우가 대부분이어서 그러한 개념을 통해 소소계를 해석하니, 작고 사소한 것으로 밖에 표현할 수가 없게 된 것 같다. 반면에 호칭을 본질적 개념으로 본다면, 경과 계를 스승으로 삼으라 하고서는, 뜬금없이 맥락이 이어지지 않게 호칭을 이렇게 불러라가 아니라, 부르다는 의미의 호칭이 아닌 경과 계를 바탕으로 한 수행의 방법과 실천을 알려주는 세세한 가르침이 되는 것이다.

다음에 비교하는 경전들의 경우도 마찬가지이다.

2) 석법현 漢譯 대반열반경의 소소계

『大般涅槃經』卷下, 釋法顯譯, 大正藏1, 204b27~204c04.
"爾時如來告阿難言 汝勿見我入般涅槃
便謂正法於此永絶 何以故 我昔爲諸比丘
制戒波羅提木叉 及餘所說種種妙法
此卽便是汝等大師 如我在世 無有異也
阿難 我般涅槃後 諸比丘等 各依次第 大小相敬
不得呼姓 皆喚名字 互相伺察 無令衆中 有犯大戒
不應闚求覓他細過"

(기존의 한글번역)
그때 여래께서 아난에게 말씀하셨다. "너는 내가 반열반에 드는 것을 보고 정법(正法)이 여기에서 영원히 끊어졌다고 여기지 말아라. 왜냐하면 내가 옛날에 모든 비구들을 위하여 제정한 계율인 바라제목차(波羅提木叉)와 또 그밖에 말한 여러 가지 묘법(妙法: 正法) 등 이것들이 곧 너희들의 큰 스승이니 마치 내가 세상에 있는 것과 같아 다름이 없다. 아난아, 내가 반열반에 든 후에 모든 비구들은 각각 서열에 따라 어른과 젊은이가 서로 공경하며 성(姓)을 부르지 말고 이름을 부를 것이며, 서로서로 살피고 보살펴서 대중 중에 대계(大戒)를 범하는 이가 없게 하며, 마땅히 남의 작은 허물을 엿보고 찾아내려 하지 말라."

(적행 번역)

그때 여래께서 아난에게 말씀하셨다. "그대는 내가 반열반에 드는 것을 보고 문득 정법(正法)이 여기서 영원히 끊어졌다고 생각하지 말아라. 왜냐하면 내가 예전에 모든 비구들을 위하여 규정한 계인 바라제목차와 더불어 그밖에 말한바 여러 가지 뛰어나고 훌륭한 가르침이 곧 그대들을 적절히(便) 바르게 하는(是) 큰 스승이니, 내가 세상에 있는 것과 같아서 다름이 없다.

아난이여! 내가 반열반 후에 모든 비구들은 각자 순서에 맞게(次第162):순서에 맞게, 상황) 따라서(依:에 따라, 에 근거하여), 위아래 모두가(:大小) 서로 살펴(相:서로, 자세히 보다) 삼가하고(:敬), 본성(:姓)에 상(相=呼:이름 짓다, 명명(命名))을 짓고서 모든 대상들에(皆:모두, 두루 미치다(영향이나 작용 따위가 대상에 가하여지다)) 명자상(名字相)163)을 불러 일으켜서는(:喚) 안 된다. 이쪽과 저쪽(:互相) 모두가 자세히 살펴보아서(:伺察) 대중 가운데 대계(大戒)를 범하지 않게 하며, 응당히 편협한 생각에 치우치지(:關) 말고, 분별하는 마음(他: 다른, 딴 마음, 두 마음)을 자세히(細:자세함) 돌아보아(過:보다, 돌이켜 보다) 힘써(求:힘쓰다) 나가야한다.(覓: 구하다, 찾다)164)"

---

162) 차제(次第)의 용어는 차제설법(次第說法)에서 나왔는데, 차제설법(次第說法)은 상대가 이해하기 쉽고, 받아들이기 쉬운 순서에 따라 차례대로 성숙시켜가면서 행하는 설법을 말한다. 즉, 부처님께서는 낮은 단계에서 점차적으로 수준을 높여 순서에 따라 가르침을 뜻한다.

163) 일체가 무상무아인것인데, 중생이 그것에 온갖 이름(名字相)을 붙이고 유아의 관념으로 규정지어 놓았으니, 마음에 일어나는 생각은 단지 고정된 관념으로 형성된 명자(名字)일 뿐이라는 사실을 관하여, 명자와 성(性)을 서로 분리하고 명자의 성품에서 벗어나는 것을 심념처(心念處)라고 한다.

164) 사념처와 심념처(心念處)를 통한 명자(名字)의 관법
『大般涅槃經後分』遺敎品第一, 若那跋陀羅譯, 大正藏12,
　　901b27~901c06.
'阿難　如汝所問　佛去世後以何爲師者
阿難　尸波羅蜜戒是汝大師　依之修行能得出世甚深定慧
阿難　如汝所問　佛涅槃後依何住者
阿難　依四念處嚴心而住
觀身性相同於虛空　名身念處
觀受不在內外不住中間　名受念處
觀心但有名字　名字性離　名心念處
觀法不得善法不得不善法　名法念處
阿難　一切行者　應當依此四念處住'
"아난아, 네가 물은 것과 같이 부처님이 세상을 떠난 후에 무엇으로써 스승을 삼을까 한 것은 이러하다. 아난아, 시바라밀(尸波羅蜜)인 계율이 너의 큰 스승이니 이것을 의지해 닦고 행하면, 세상을 벗어나서 매우 깊은 선정과 지혜를 얻을 수 있다.
아난아, 네가 물은 것과 같이 부처님께서 열반한 뒤에는 누구를 의지하여 머물까 한 것은 이러하다. 아난아, 사념처(四念處)를 의지하고 마음을 엄숙하게 해서 머물러라. 몸의 성질과 모습이(性相) 허공과 같음을 관하는 것을 신념처(身念處)라고 이름한다.
대상(:경계)을 받아들이는 느낌이 안에 있는 것도 아니고 밖에 있는 것도 아니며 중간에 머무는 것도 아니라고 관하는 것을 수념처(受念處)라고 이름한다. 마음은 다만 고정된 개념으로 형성된 명자(名字)가 있을 뿐이고 명자와 성(性)이 서로 분리된다고 관하는 것을 심념처(心念處)라고 이름한다. 중생의 마음에 일어나는 일체법(法)은 좋은 법(善法)도 얻지 못하며 좋지 않은 법(不善法)도 얻지 못한다고 관하는 것을 법념처(法念處)라고 이름한다. 아난아, 일체 수행하는 이는 마땅히 이 사념처를 의지해 머물러야 한다."

3) 팔리(Pāli)본, 영역본(英譯本), 한글번역본

(1) Pāli Dīgha Nikāya 16.
Mahā-pari-nib-bā-na-sutta, Tathā-gata-pacchi-ma-vācā

Atha kho bhagavā āyasmantaṃ ānandaṃ āmantesi: "siyā kho panānanda, tumhākaṃ evamassa: 'atītasatthukaṃ pāvacanaṃ, natthi no satthā'ti. Na kho panetaṃ, ānanda, evaṃ daṭṭhabbaṃ. Yo vo, ānanda, mayā dhammo ca vinayo ca desito paññatto, so vo mamaccayena satthā. Yathā kho panānanda, etarahi bhikkhū aññamaññaṃ āvusovādena samudācaranti, na kho mamaccayena evaṃ samudā-cari-tab-baṃ.

Theratarena, ānanda, bhikkhunā navakataro bhikkhu nāmena vā gottena vā āvusovādena vā samudā-cari-tabbo. Navakatarena bhikkhunā therataro bhikkhu 'bhante'ti vā 'āyasmā'ti vā samudā-cari-tabbo. Ākaṅkhamāno, ānanda, saṃgho mamaccayena khuddā-nu-khudda-kāni sikkhāpadāni samūhanatu."

(2) 영역본(英譯本)
Long Discourses, The Discourse about the Great Emancipation, The Sixth Chapter for Recitation, The Last Instructions of the Realised One.

Then the Gracious One addressed venerable Ānanda, saying: "It may be, Ānanda, that some of you may think in this way: 'Past is the Teacher's word, there is now no Teacher for us.' But it should not be seen like that, Ānanda, whatever Teaching and Discipline has been taught by me or laid down,

Ānanda, that is your Teacher after my passing away.

At present, Ānanda, the monks address each other with the word 'friend', but after my passing away they are not to address one another thus. The elder monk, Ānanda, should address the younger monk by his name or by his clan name or by the word 'friend'. But the younger monk should address the elder monk as reverend Sir or venerable Sir.

Desiring to do so, Ānanda, the Community after my passing away, can abolish the minor and subsidiary training rules."

(3) 한글번역본
대반열반경(大般涅槃經) 제 6장 다비(茶毘), 옮긴이 강기희, 도서 출판 민족사.

1. 마지막 말씀

다시 세존께서는 아난다 존자에게 말씀하셨다.
"아난다여! 내가 입멸한 뒤, 너희들은 다음과 같이 생각할지도 모른다.
'이제는 선사(先師)의 말씀만 남아 있지, 우리들의 큰 스승은 이미 이 세상에 계시지 않는다'라고.
그러나 아난다여! 너희들은 이렇게 생각해서는 안 된다.
내가 입멸한 후에는 내가 지금까지 너희들에게 설해 왔던 법(法)과 율(律), 이것이 너희들의 스승이 될 것이니라.
또 아난다여! 비구들은 지금까지 서로 '그대'라는 단어로 불렀지만, 내가 입멸한 후에는 그렇게 해서는 안 되느니라.
아난다여! 장로 비구로서 신참 비구를 부를 때는 이름이나 성, 혹은 '그대'라는 말을 써도 좋다.
그러나 신참 비구로서 장로 비구를 부를 때에는 '대덕(大德)'이나

'존자(尊者)'라는 말을 쓰도록 하여라.

또 아난다여! 필요하다면 비구들이 배워야만 하는 조항 가운데 세
세한 것, 사소한 항목(小小戒)은 비구모임에서 의논하여 취소해도
좋으리라."

4) 현상의 이름인 유아(有我)와 응공(應供)인 무아(無我)로의 전환

(1) 현상의 이름 -->유아(有我)

 name, clan name, friend(親舊: āvuso)

(2) 응공(應供) -->무아(無我)

 ①reverend Sir: 거룩한, 공경 받아 마땅한

 ②venerable Sir: 존경받는, 덕망있는, 존경할 만한

 ③대덕(大德: bhante)

 ④존자(尊者: ayasma)

 ⑤구수(具壽: āyasmā)

 ⑥장로(長老: thera)

(3) 금강경에서 수보리의 호칭의 본질적 개념

 ① 唐 三藏 玄奘 漢譯本 : 구수 선현(具壽 善現)

 ->진리를 갖추어(具壽) 훌륭히 나타내다(善現)

 ② 元魏 天竺 三藏 菩提流支 漢譯本 : 혜명 수보리(慧命 須菩提)

 ->진리의 지혜(慧命)

 ③ 陳 天竺三藏 眞諦 漢譯本 : 정명 수보리(淨命 須菩提)

 ->청정한 진리(淨命) --공(空)

 ④ 唐 三藏沙門 義淨 漢譯本 : 구수 묘생(具壽 妙生)

 ->진리를 갖추어(具壽) 뛰어나고 훌륭하게 이루다(妙生)

 ⑤ 姚秦 天竺三藏 鳩摩羅什 漢譯本 : 장로 수보리(長老 須菩提)

->길고 오래되다(長老) --이치, 법칙, 진리

(4) 성구경(聖求經:Āriyapariyesana sutta)에서 본 호칭의 본질적 개념

① Pāli Majjhima Nikāya 26.

Pāsarāsisutta

Appekacce maṃ paccuggantvā pattacīvaraṃ paṭiggahesuṃ, appekacce āsanaṃ paññapesuṃ, appekacce pādodakaṃ upaṭṭhapesuṃ. Api ca kho maṃ nāmena ca āvusovādena ca samudācaranti.

Evaṃ vutte, ahaṃ, bhikkhave, pañcavaggiye bhikkhū etadavocaṃ: 'mā, bhikkhave, tathāgataṃ nāmena ca āvusovādena ca samudācaratha.

Arahaṃ, bhikkhave, tathāgato sammāsambuddho. Odahatha, bhikkhave, sotaṃ, amata-madhi-gataṃ, ahamanusāsāmi, ahaṃ dhammaṃ desemi. Yathānusiṭṭhaṃ tathā paṭipajjamānā nacirasseva－yassatthāya kulaputtā sammadeva agārasmā anagāriyaṃ pabbajanti,

tadanuttaraṃ－ brahma-cari-ya-pari-yosānaṃ diṭṭheva dhamme sayaṃ abhiññā sacchikatvā upasampajja viharissathā'ti.'

② 영역본(英譯本)

The Teaching of the Dhamma

One came to meet me and took my bowl and outer robe, another prepared a seat, and another set out water for my feet; however, they addressed me by name and as 'friend.'

Thereupon I told them: "Bhikkhus, do not address the Tathāgata by name and as 'friend.' The Tathāgata is an

Accomplished One, a Fully Enlightened One. Listen, bhikkhus, the Deathless has been attained. I shall instruct you, I shall teach you the Dhamma. Practising as you are instructed, by realising for yourselves here and now through direct knowledge you will soon enter upon and abide in that supreme goal of the holy life for the sake of which clansmen rightly go forth from the home life into homelessness."

③ 한글번역(적행)
한 사람은 마중 나와 발우와 가사를 받아 들었고, 다른 이는 자리를 마련하고, 또 다른 이는 발 씻을 물을 가져왔다. 그러나 그들은 나의 이름과 '친구(親舊: āvuso)'라는 말로 말을 걸었다. 그래서 나는 그들에게 말하였다.
"비구들이여! 여래(如來)를 이름이나 '친구'(:현상의 이름인 有我)라는 말로 불러서는 안 된다. 비구들이여! 여래는 마땅히 공양 받을만한 자(應供=無我)이며, 완전한 깨달음을 성취한 자이다.
비구들이여! 귀를 기울여라. 불사(不死)는 이루어졌다. 내가 그대들에게 가르쳐주리라. 그대들에게 법을 설하리라.
가르친 대로 실천하면, 그대들은 바로 지금 스스로 알고 깨닫게 되어, 좋은 가문의 자제가 바르게 집을 떠나 출가하는 목적인, 성스러운 삶의 최상의 목표에 곧 들어가 머물게 될 것이다."

===>
호칭에 대한 문제는 부처님의 초전법륜의 시작 시점에서부터 열반의 마지막 시점까지 강조하는 부처님의 중요한 가르침이다. 이런 관점으로 본다면 호칭이 단순히 이름을 어떻게 부른다는 의미가 아닌, 진리의 본질적 개념을 나타내는 의미가 될 것이니 소소계의 경우도 마찬가지일 것이다. 그러니 한역본이나 팔리어본을 바탕으로 한 기존의 한글번역본들이 그런 점들을 애초에 간과하지 않았나하는 의문이 든다. 특히 팔리어본을 한글번역한 경우 번역자들이 팔리어본 보다는 어학적 어려움의 이유이든 어떤 이유로 오히려 팔리어본의 영역본에 영향을 받지 않았을까하는 생각도 든다. 왜냐하면 영어의 경우 언어적 특징으로 팔리어나 한자(漢字)에 비해 비교적 번역의 여지가 단순하다고 보기 때문이다.

5) 상황에 따른 한역(漢譯)의 차이에 대한 이해

(1) 『大般涅槃經』卷下, 釋法顯譯, 大正藏1, 204b10~204b22.
'阿難 須跋陀羅 雖是外道 而其善根 應成熟時 唯有如來 能分別知.
我般涅槃後 若有外道 欲於我法求出家者 汝等不應便聽許之
先令四月誦習經典 觀其意性爲虛爲實
若見其行質直柔軟於我法中實有深樂 然後方可聽其出家.
阿難 所以然者 汝等小智 不能分別衆生之根 是故令汝先觀之耳.
爾時須跋陀羅而白佛言 我於向者 欲求出家 世尊若令先於佛法四十
年中讚誦經典 然後聽我而出家者 我亦能爾 豈況四月.
爾時世尊 卽告之言 如是如是 須跋陀羅 我觀汝意
於我法中慇懃渴仰 今作此言 非爲虛設.'
"아난아, 수발타라는 비록 외도이지만 그의 선근이 성숙할 때가 되었음을 오직 여래가 있어야만 분별하여 알 수 있다.
내가 반열반에 든 후에 만일 어떤 외도가 나의 법에 출가하기를 바라면 너희들은 곧 승낙하지 말아야 한다. 먼저 넉 달 동안 경전을 독송하고 익히게 하여 그의 뜻과 성품이 허망한가 진실한가를 관찰하여, 만일 그의 행실이 순박하고 정직하며 부드러우며, 나의 법에 대하여 참으로 깊은 즐거움이 있는 것을 알게 되면 그러한 후에 비로소 그의 출가를 허락해 주어야 한다.
아난아, 그렇게 해야 하는 까닭은 너희들의 작은 지혜로는 중생의 근기를 분별할 수 없기 때문에 너희들이 먼저 그를 관찰하도록165) 한 것이다."

그 때 수발타라가 부처님께 말씀드렸다.

"제가 아까 출가하기를 구했을 때 세존께서 만일 먼저 부처님 법에 대하여 40년 동안 경전을 읽고 외우게 한 후에 제가 출가하도록 허락해 주신다 하여도 저는 또한 할 수 있는데 하물며 넉 달이겠습니까?"

그 때 세존께서 곧 말씀하셨다.

"참으로 그렇다. 수발타라여, 내가 그대의 뜻을 관찰해 보니 나의 법을 은근하고도 목마르듯 우러러보고 있으니, 지금 하는 그 말이 헛되이 늘어놓는 것이 아닐 것이다."

(2)『佛說長阿含經』卷第四, 遊行經第二, 佛陀耶舍共竺佛念譯, 大正藏1, 26a13~26a17.

'佛告阿難 我般涅槃後 諸釋種來 求爲道者 當聽出家 授具足戒 勿使留難. 諸異學梵志來求爲道 亦聽出家受具足戒 勿試四月.

所以者何 彼有異論 若小稽留 則生本見.'

부처님께서 아난에게 말씀하셨다.

"내가 반열반한 뒤에 찾아와, 수도하는 자가 되기를 희망하는 모든 석종(釋種)들에게는 마땅히 출가를 허락해 구족계(具足戒)를 주고, 지체하거나 거절하지 말라. 찾아와 수도하는 자가 되기를 희망하는 모든 이학(異學) 범지에게도 또한 출가를 허락하여 구족계를 주되, 넉 달 동안 시험하는 일을 하지 말라. 무슨 까닭인가? 그들은 다른 주장을 가졌으므로 조금만 지체하면166) 곧 본래의

---

165) 출가 대상자가 아닌, 나 자신부터 바른 출가의 상태에 있는지를 관찰하라는 말과 같다. 그러므로 부처님은 바른 출가의 상태에 있기 때문에, 수발타라의 상태를 바르게 파악하고 출가를 즉시에 승낙할 수가 있는 것이다.

166) 바른 출가의 본질을 즉시에 알려주어 올바른 수행으로 나아가게 해야 하는 것이다.

주장을 일으킬 것이기 때문이다."

===>

출가를 받아들이는 같은 상황에 넉 달이라는 현상적 문제로 인해 전혀 다른 내용으로 보이는 것 같지만, 넉 달이라는 현상이 아닌, 부처님을 주체로 본다면 앞에서도 넉 달을 기다리라 하였지만 수발타라에게 즉시에 출가를 허락하였고, 뒤에서도 즉시에 출가를 허락하라 하였으니, 여기서도 본질적 개념의 의미를 담고 있는 것이다. 그런데 그냥 단어의 의미로만 번역된 해석을 하게 된다면 그 본의를 절대로 알 수가 없게 되는 것이다.   >

X. 미8 -무아의 화두 -간화선과 위빠사나

1. 비교

①위빠사나167): 대상을 알아차리는 수행법.

　　　　　　대상의(외부와 내부) 특성을(모두 무상임을) 아는

---

167) 위빠사나(Vipassanā: 觀)

1) 산스크리트어

 - 위(vi): 분리하다, 모든 것, 다양한, 전부

 - 빠사나(passanā): 보는 것, 꿰뚫어 보다, 똑바로 알다

2) 의미

①모든 것을 꿰뚫어 본다.

②분석적으로 본다.

 ->분석적이라는 말의 의미는 편견을 개입시키지 않고 현상을 현상 자체로 본다는 뜻이다. 즉, 어느 한 대상에 마음을 집중하여 고요한 상태(śamatha: 止·寂靜)를 얻은 후에 끊임없이 변화하며 생성, 소멸하는 대상을 있는 그대로 관찰하는 수행을 말한다.

③바르게 본다(正見), 분명히 본다(了見), 능히 본다(能見), 두루 본다(遍見), 차례로 본다(次第見), 다른 모양으로 본다(別相見).

『大般涅槃經』卷第二十八　師子吼菩薩品之四, 宋代沙門　慧嚴等依泥洹經加之, 大正藏12, 792c14~792c15.,

『大般涅槃經』卷第三十　師子吼菩薩品第十一之四,　北涼天竺三藏曇無讖譯, 大正藏12, 547a22~547a24.

"毗婆舍那名爲正見　亦名了見　名爲能見　名曰遍見　名次第見　名別相見　是名爲慧.　비바사나(毗婆舍那)는 바르게 본다(正見)고 이름하며, 또 분명히 본다(了見)고 이름하며, 능히 본다(能見)고 이름하며, 두루 본다(遍見)·차례로 본다(次第見)·다른 모양으로 본다(別相見)고 이름하니, 이것을 지혜라고 한다."

것(앎)

  ==>무상선(無常禪?)168)

②간화선: 화두를 의심하는(모든 존재현상이 무아임을) 수행법.

  ==>무아선(無我禪) = 공선(空禪)169)

①위빠사나: 알아차림 -->대상이 생겨날 때마다 단어구사(부름·

     꺼짐· 생겨남· 없어짐 등등)

②간화선: 화두·의심 -->한 가지('어째서', '왜')

①위빠사나: 끊임없이 대상을 알아차림

   --> 집중, 무상의 법을 세포 하나하나에 각인

  천천히 조금씩 비워냄(조금씩 번뇌를 제거 ->그 자

리에 선업을 채움) ==>점수(漸修)

②간화선: 끊임없이 화두를 의심(어째서, 왜 무라 했는가?)

   --> 집중, 무아의 법을 각인

  갑자기 한번에 비워냄(한번에 번뇌를 제거->선업을

채움) ==>돈오(頓悟)170)

  **이것이 명쾌하게 와 닿지 않는다면, 다른 방법으로.

  예컨대 어떤 현상이 나타날때(아픔, 고통, 외부적·내부

---

168) 십이처 -->육근(因) + 육경(報)

  대상(제법)을 관찰 → 무상(無常) → 나도 무상하다

  무상(無常)→상(常), 바깥→안

169) 간화선을 사마타로 보는 오류 --> 집중이 아닌 무아 관찰이

  다.

  나(제법)를 관찰(이미 무아 자체) → 무아 → 내가 무아이다

  안(외부 몸) →안(내부 몸)

170) ex) 물방울이 강물속에 들어감.

적 대상 => 위빠사나의 대상과 같다).

'어째서 이것들이. 왜 무라 했는가?' --> 집중, 무아의

↓   법을 각인

↓

(↳->이런 현상이 왜 무아인가?

무상과 무아의 법인 통찰 ->열반 ->정품
이 되어감 ->메커니즘이 작동됨)

①위빠사나: 시간, 분, 초 마다 대상을 알아차려서 집중하게 하는
것이 1차적 목적.
궁극적으로 2차적 목적은, 나타난 대상들의 무상·무아
를 관하게 함 ==>세밀한 부분요소에서 전체(핵심)로
진행.

②간화선: 화두 하나를 의심. 즉, 화두는 모든 제법을 달리 표현한
것.
곧 '화두=제법은 무아' 임을 선언해 놓고171)(대상대상도
다 제법에 포함 -> 더 알아차리고 더 말할 필요없이
이미 충분하다), 지금 현상인 화두(문장자체, 말의의미=
제법)를 의심하여 무아임을 아는 것 ==>바로 전체로
진입.

---

171) 끓는 물이 뜨겁다고 해놓고 손을 넣어 뜨거움을 경험하는
것이다. 뜨거움을 경험하지 못한 이에게 뜨거움을 아무리 설명해
도 완전히 이해를 시킬 수가 없을 것이니, 결국 직접 손으로 뜨거
움을 경험하게 하는 방법이다.

①위빠사나

: 하나하나의 대상을 대하는 순간 마음이 생긴다(찰라식?)

마치 개미의 줄, 자동차의 줄처럼(가까이서 보면 하나하나 따로, 먼데서 보면 하나의 줄처럼 보임)

그렇게 본다면 마음은 하나하나의 연속, 연결에 의해 생긴 것.

즉, 본래 마음이랄 것이 없는데 대상에 접하여 마음이 생긴다.

따라서 이 대상이(곧 그 특성들이)무상·무아임을, '생겨남 -> 알아차림 ->주시'하여 관한다면, '본래 없는 마음' 곧 무아가 되는 것.

다시 말해 '유아의 나'로 현상을 알아채서 무상임을 알면, 유아의 나도 곧 무아임을 알게 됨.(이것이 소위 잘못 이해되어 비판받았던 묵조선(默照禪)의 '생각 없는 생각으로, 생각 아닌 것을 생각한다는 개념이다.(실재함이 없는 유아가 어떻게 무엇을 할 수 있는가? 하는 비판 -->이유이무 비유비무(而有而無 非有非無): 무와 유의 두 끝을 떠난 중도적 공(空)을 이해하는 차이에서 나온 비판이라고 보인다.)172))

---

172)『한글경전모음집』'大方廣圓覺修多羅了義經' 普賢菩薩章, 唐 佛陀多羅 漢譯, 적행 번역, pp.139~141中.

"세존이시여! 만일 저 중생이 헛것(幻) 같은 줄 아는 자이면 몸과 마음도 또한 헛것이거늘, 어떻게 헛것으로서 헛것을 닦겠습니까? 만일 모든 헛것 같은 성품이 일체가 다 멸했다면 곧 마음도 없음이니, 누구로서 수행할 것인데, 어찌 다시 헛것 같은 수행을 말씀하십니까? 만일 모든 중생이 본래부터 수행하지 않는다면 생사 가운데 항상 헛것의 변화(幻化)에 머물고, 더하여 경계가 헛것임을 분명하게 알지 못하리니, 그 망상(妄想)하는 마음으로 어찌 해탈(解脫)할 수 있겠습니까?

世尊 若彼衆生 知如幻者 身心亦幻 云何以幻 還修於幻

若諸幻性 一切盡滅 則無有心 誰爲修行 云何復說 修行如幻

若諸衆生 本不修行 於生死中 常居幻化 曾不了知 如幻境界

②간화선

: 나타난 대상 등, 제법(화두)을 안이비설신의 하고 있는 '나'가
곧 무아.
즉, 나란 것을 의심해 무아를 관함.
현상을(무상·무아) 느끼고 있는 나(무아)를 의심.
==> '본래 무아인 나'가 무아임을 각성.

令妄想心 云何解脫"

"선남자여! 일체 중생의 갖가지 헛것의 변화(幻化)가 모두 여래의
원각묘심(圓覺妙心)에서 나오는 것이니, 마치 헛꽃이 허공에서 생
겨난 것 같다가 비록 헛꽃이 멸할지라도 허공의 본성은 무너지지
않는다. 중생의 헛것 같은 마음도 또한 헛것에 의지해 멸하게 되
나, 모든 헛것이 다 멸하더라도 본래 깨달음의 마음은 움직이지
않는다. 헛것에 의지해 깨달음을 말함도 또한 헛것이라 하니, 만
일 깨달음이 있다고 말한다면 아직 헛것을 여의지 못한 것이며,
깨달음이 없다고 말하는 것도 또한 그러하다. 이런 까닭에 헛것이
멸함을 이름 하여 부동(不動)이라 한다.
善男子 一切衆生 種種幻化 皆生如來 圓覺妙心
猶如空花 從空而有 幻花雖滅 空性不壞
衆生幻心 還依幻滅 諸幻盡滅 覺心不動
依幻說覺 亦名爲幻 若說有覺 猶未離幻 說無覺者 亦復如是
是故幻滅 名爲不動"

==>생멸(生滅)의 변화를 떠나 언제나 변하지 않는 경지인'무위
의 진리(無爲法) 속에서, '근본적인' 차별(差別)인 '유아' 곧 헛것이
없다면 '무아'가 성립이 안 된다. 불이(不二) 인 것이다.

①위빠사나: 무상관

②간화선: 무아관 ->이유이무 비유비무(중도=공)

　　　　　화두의 의심은 포괄적이다.

　　　　　간화선에서는 나타난 대상을 무시하는 것이 아니라, 즉
　　　　　그것들을 무시하고 화두만을 쫓아가는 것이 아니라(지
　　　　　금까지의 잘못된 방법),

　　　　　이미 의심속에 위빠사나의 방법처럼 대상의 알아차림
　　　　　이 포함되어 있다.

　　　　　이미 포함되어 있다는 것이 와 닿지가 않는다면, 나타
　　　　　난 대상들을 알아차림 대신 하나하나 의심하면 될 것
　　　　　(간화선+위빠사나 -->합치는 것이 아니라 원래 포함되
　　　　　어 있는데 와닿지 않는 부분을 드러내기 위한 방법)

2. 알아차림(위빠사나) == 의심(간화선)

　　①알아차림 --> 하나하나의 대상 모두를 알아차림 ->무상임을
　　　　　　　　　　　　앎

　　　　　　알아차림 -->복부

　　②의심 --> 제법을 뭉뚱그려 놓은 '화두'를 의심 ->무아임을
　　　　　　　　　　　앎

　　　　　의심 -->단전

　　==>결국 궁극적으로는 같은 의미인 것 같다.

3. 좌선시 위빠사나에서는 눈을 감고, 간화선에서는 뜨는 이유[173]

①위빠사나
: 하나하나의 대상을 알아차리기 위해서는 '안이비설신'의 5관과 육식인 '의식'(처리작용)이 필요.
오관에서 받아들여 의식에서, 관찰 ->집중 ->무상관을 앎.
그래서 좌선시에는 눈을 감고 있는 것이(오관을 최상의 상태로 만듦), 좌선시 나타나는 대상을 적게 하고 일어나는 현상을 알아차리기가 쉽다.
경행시에는 다른 대상을 관찰하기 보다는 걸음의 들고·나감·내림에 더 집중하므로 눈을 떠도 된다.

②간화선
: 이미 화두를 통해 '제법', 즉 모든 현상존재가 무아임을 앎.
그것을 의심하고 있는 '나'가 무아이므로, 원래 '안이비설신'은 존재하지 않는다. 그래서 눈을 뜨던 감던 상관이 없다.
다만 아직은 여전히 '意'가 '유아(有我)의 의'로 기능하므로, 이 '의'도 무아임을 끊임없이 의심하여 관하여야 하는 것이다.
따라서 아직은 '의'가 '유아의 의'로 기능하면, '안이비설신'도

---

173) 간화선에서는 눈을 감고 참선하면 캄캄한 산 속의 귀신굴(黑山鬼窟)에 앉아 있는 것과 같다고까지 하며, 반드시 눈을 떠서 혼침이나 졸음, 망상 등을 경계하고 있으나, 위빠사나에서는 눈에 힘이 들어가면 알아차림이 인식대상으로 가지 않고 힘주는 머리로 가게 되므로, 조용히 눈을 감고 배의 움직임을 관찰하라고 한다. 같은 수행에 있어서 왜 그런 차이를 보이는가를 근본적으로 살펴볼 필요는 있어도, 서로 내가 올바른 수행법이네 하면서 한쪽을 비난하고 있을 일은 전혀 아닌데, 대체로 한국의 간화선을 수행하는 쪽에서 상(相)을 내는 경향이 많다.

'유아의 안이비설신'으로 기능하므로 적당한 통제가 필요. 눈을 뜬다.(졸림 등을 통제 -->그러나 만일 위빠사나의 방법처럼 나타난 대상을 직접적으로 하나하나 의심해간다면, 눈을 감아도 졸림 등의 통제가 가능할 것이다.)

XI. 미9 -무아의 화두 -마음몸

1. 수련법에 따른 마음몸의 차이

①권법(拳法): 기(氣)를 발출 ->마음몸에서 발출
②단전호흡: 기(氣)를 축적 ->마음몸에 축적
③좌선법 : 단학이나 명상센터 등 비불교적인 곳에서도 집중삼
　　매로 소위 깨달음, 한소식을 이룬다고 한다. 그러나 이는 선
　　법을 수행할 뿐 불교가 아니다. 선법이 불교가 아닌 것이다.

<깨달아서 뭐할 건가. 깨달았다고 잘 난체 할 건가?
(어느 예화) 깨달았다는 여인 →검증해 달라고 찾아옴 →먼저
깨달았다는 승려가 옷을 벗으라 하니 벗는다 →두드려 맞는다
→이후 절에서 공양주보살로 생활
=>먼저 깨달았다는 때리는 자도, 맞는 깨달았다는 여자도 의심
스럽다. →뭘 깨달은 것인지.(비불교적으로 보아도 깨달음을 너
무 가볍게 봄. 부처님이라면 어떻게 하셨을까.)
깨달음에는 모든 면에서 법계의 예의가 따르는데, 무아에 대한
법계의 예의가 없다. 좋은 '인+연'이 되지 못한다.174)　>

　　-->불교: 무아의 발견 ->열반 ->무상정등각(정품의 완성
　　　　　　　　　　　　　　-->모든 면에서 부처와 같다)

---

174) 선문염송(禪門拈頌) 파자소암(婆子燒庵) 공안(公案) -->무
　위의 진리속에서 '근본적인' 차별이다. 어느것이 옳다, 아니다 할
　수 없다.

2. 어떻게 선법 등 수련법의 허점을 극복하고 현실화 시킬 것인가.

: 기존의 방법들이 명쾌하게 와 닿지가 않는다. 뭔가 중간이 빠졌다.[175] 마음을 단전에 둔다는 말의 현실화를 어떻게 해야 하는가?

3. 마음을 단전에 둔다는 것에 대한 마음몸의 가설

: 심장에서 피가 순환 시작. 몸의 부분마다 맥이 뛰고 핏줄을 통해 피는 온몸에 전해짐.

만일 마음이 피와 같다면, 비록 의식이 머리에서 생긴다 해도 그것은 몸의 어느 곳으로도 움직여 나타나고 자리할 수 있는 것.

그처럼 마음을 단전에 둔다는 것도,[176] 핏줄과 맥의 경로처럼 마음이 움직일 경로를 통해 자리하게 하면 된다. 시각, 청각 등 모든 감각도 마찬가지.

4. 마음몸의 이미지화

==>외부몸(바깥몸)   +   이미지화된 마음몸

---

175) 비전(祕傳)이라거나, 알음알이 또는 따지지 말라는 말뿐인 단순함으로는 모순되는 허점을 감출수가 없다.

176) 왜 단전에 두는가? --> 숨(호흡:풍(風)의 움직임의 요소)이 닿는 끝점(가장 밑, 근본 바닥)이기 때문이다.

①단전에 마음을 몸의 형체로 이미지화 시킨다.

　마음몸이 점점 둥글어져 머리·팔·다리의 구분이 없어진다. 나중엔 둥근 형체로 이미지화.

　둥근것 그대로가 의심하고 움직이며 동작한다.

　항상(언제든지) 단전에 마음몸을 이미지화 ==>이것이 중요하다.

②외부몸에 이미지화된 마음몸이 자리 잡았다. 나중엔 본체가 마음몸, 외부몸이 이미지.

③숨을 쉴 때 마음몸의 입과 외부몸의 입이 연결되어 공기를 빨아들인다.

④모든 동작을 다 그렇게 이미지화

　-->생각하는것, 숨쉬고 뱉는것, 팔을 뻗고 거두는것, 걷는것 등등, 모두가 마음몸이 하는 것처럼 이미지화.

　-->마음몸이 외부몸을 통해 현실행위를 구현하는 것이다.

　-->외부몸은 먼저 마음몸이 한것을 똑같이 따라 할 뿐이다. (거울에 비친 모습처럼)

　-->외부몸은 연결통로를 통한 마음몸의 연장일 뿐이다.

　　　입·손·발·머리의 연장

　　　→그래서 내부세계에서 외부세계로 전해져 외부세계에서 보여지는 행위가 구현되는 것.

　　　→그러나 외부몸이 없이는 찐빵 없는 앙꼬가 되는 것.

⑤외부몸에 나타난 현상을(무상) 마음몸에서(무아의 나) 보고, '어째서 이게 무엇인가'든 '어째서 무인가'든 의심한다.

　-->안이비설신의 ～～>색성향미촉법

　-->결국 무안계~무의식계가 된다는 것은 바로 무아가 되는 것.

5. 마음몸의 호흡방법

호흡   -   머물고   -   뱉음(→의심)

흡   -   압축-폭발   -   배기
            ⇩
압축에서 끌어당김->고통 등을 이곳으로 모아->안 것(알아차
린 것, 의심한 것)을 태운다. 여기서 사라짐(소멸) →무아임을 앎

6. 벽관(壁觀)·안심(安心)의 활용

①벽관
    -번뇌가 들어가지 못하도록 관함
    -벽관 = 이입(二入)[177] = 안심

②안심의 활용
    -좌선: ⓐ주대상(호흡·의심).
            ⓑ2차대상(고통은 어디서 왔는가(생겨남) -> 어떻게
            머물러서(특성) -> 소멸했는가)
    -고통을 내어놓으라(=>무상) ->압축·폭발(=>사라짐) ->안
                                심=무아(무아의 나)

---

177) 이입(二入)은 이입(理入)과 행입(行入)을 지칭하는 것으로,
이입(理入)은 이치로 들어가 진성(眞性)을 깨닫는 것이고 행입(行
入)은 수행자의 실천행을 말한다.
행입은 달리 사행(四行)이라 하는데, 보원행(報怨行: 원망하지 않
는 것이다), 수연행(隨緣行: 인연따라 任運하는 행), 무소구행(無所
求行: 구하는 바 없는 행), 칭법행(稱法行: 法義에 맞게 따라 행
함)의 네가지 행을 가리킨다.

<<선13 -달마선 >

1)벽 ->벽관
  ①면벽 ->벽을 보는 것이 아니다.
  ②벽 ->객진위망(客塵僞妄), 곧 번뇌가 들어가지 못하는 벽
  ③벽관 ->본래의 순일무잡한 마음을 살피는 것.
        ->면벽 -->순일무잡한 마음을 보는 것.

2)이입사행 ->선법의 이론과 실천을 조화
  ①이입(理入) ->경전의 종지에 근거 -->이입 =>경전강해
  ②사행(四行) ->실천하는 것
    ⓐ보원행(報怨行) -->인과응보
    ⓑ수연행(隨緣行) -->제행무상
    ⓒ무소구행(無所求行) -->제법무아
    ⓓ칭법행(稱法行) -->여래장 --->불성을 깨닫는다.

3)실천의 방법
  : 사홍서원, 육바라밀, 십지 등 많지만, 가장 간단한 진짜 실천
   방법 ->참회(因果를 앎) - 감사(훌륭한 지혜) - 서원(공덕의
        그릇)
      ①참회. 기도. 무상무아의 법인(法印) -->연기한 존재들임
                              을 안다.
      ②자타가 하나(無我)임에 감사(智慧) -->번뇌를 벗어난 대
                          오(大悟)의 여래장을 깨닫는다.
      ③서원으로 만들어지는 공덕의 그릇 -->모두를 요익(饒益)

4)목숨을 바칠만한 것이 무엇인가?
  ①모기도 살기위해 치열하다 ->한 방울의 피를 얻기 위해
  ②목숨을 바칠만한 것이 무엇인가?
   ⓐ법인(法印) ->목숨을 바칠 진리

ⓑ무상, 무아 ->어떻게 열반을 얻는가 -->선, 기도, 염불, 독
송, 실천행 >

XII. 선9 -참선의 방법[178]

1. 입중오법(入衆五法)
: 하심(下心) - 자비심(慈悲心) - 공경심(恭敬心) - 물설타인과
(勿說他人過:남의 허물을 말하지 말라) - 차서(次序:대중규칙)

2. 참선의 방법 -->자세 - 호흡 - 화두 쓰는 법

1) 바른몸(자세)
　①자세
　　ⓐ가부좌(결가, 반가), 인(印:손), 눈(시선2~3m), 혀(말아 입천
　　　장)
　　　　　┗행주좌와, 어묵동정, 여러자세 중 좌선이 최선.
　　ⓑ억지로 자세를 만들고 몸에 고통을 주는 것 등 고행수행은
　　　쓸데없는 짓으로, 중도를 벗어난 두 가지 치우침이니 그것
　　　자체가 고(苦)다.

　②좌선을 할 때에는 고요한 곳에서 두터운 방석을 깔고 한다.
　　허리띠는 느슨하게 매고, 몸가짐을 단정히 한 후에 결가부
　　좌[179]를 한다. 오른발을 왼쪽 넓적다리 위에 놓고, 왼발을 오

---

178) 기존에 인용되고 있는 참선의 방법들을 별다른 견해 없이
　　인용하였다.
179) 결가부좌(結加趺坐)
　①항마좌(降魔坐): 오른발을 왼쪽 허벅지 위에 올려놓은 뒤 왼발
을 오른쪽 허벅지 위에 올려놓아, 두 발바닥이 모두 위로 향하게
하며, 손도 오른손을 밑에 두고 왼손을 위에 올려놓는다. 선종 같
은 현교(顯敎)에서 많이 사용한다.

른쪽 넓적다리 위에 놓는다.

반가부좌180)를 하는 것도 무방하며 이때 왼발로 오른발을 누르도록 한다.

다음으로, 오른손을 왼발 위에 놓고, 왼손바닥을 오른손바닥 위에 놓는다. 두 엄지손가락 끝을 서로 맞대고, 서서히 허리를 편 다음 전후좌우로 몇 번 움직여 몸을 바르게 하고 단정히 앉는다.

왼쪽으로 기울거나 오른쪽으로 기울거나 앞으로 구부리거나 뒤로 넘어가게도 하지 말고, 허리와 척추, 머리와 목을 똑바로 세워 그 모양이 부도(浮屠)와 같게 한다. 이때 몸을 너무 긴장시켜 호흡을 부자연스럽게 하는 일이 없어야 한다.

귀와 어깨는 가지런히 하고, 코와 배꼽을 일직선상에 두며, 혀는 입천장에 대고, 입은 다문다. 눈은 반만 떠서 졸음에 빠지지 않도록 한다.

③가장 중요한 점은 허리와 머리를 곧게 펴는 것이며, 그렇다고 너무 힘을 주어서도 안 되고, 전체적으로 자연스럽게 자세를

---

②길상좌(吉祥坐): 왼발을 오른쪽 허벅지 위에 올려놓은 뒤 오른발을 왼쪽 허벅지 위에 올려놓아, 두 발바닥이 모두 위로 향하게 하며, 손도 왼손을 밑에 두고 오른손을 위에 올려놓는다. 밀교에서 많이 사용되며, 연화좌(蓮華坐)라고도 한다.

부처님이 보리수 아래에서 깨달음을 이룰 당시에는 길상좌를 하고 손으로는 항마인(降魔印)을 지었다. 여기서 오른발은 불계(佛界)를 나타내며, 왼발은 중생계(衆生界)를 나타낸다. 따라서 오른발로 왼발을 누른다는 것은 불계가 중생계를 포섭하고, 중생계가 불계로 돌아가니, 불계와 중생계가 다르지 않다는 것을 의미한다.

180) 반가부좌(半跏趺坐): 두 다리를 다 올려놓지 않고 한쪽 다리만을 올려놓는 것을 반가부좌, 반가(半跏), 또는 현좌(賢坐)라고 한다. 길상반가부좌와 항마반가부좌가 있다.

취하는 것이 좋다.

2) 바른호흡

①호흡은 자연스러운 것이 좋으며, 복식호흡을 권장할 수도 있다.

간화선 수행에 있어서는 대체로 견성체험을 위해서 의정(疑情)을 일으킬 것을 중시하며, 이러한 의정은 생사 일대사를 해결하고야 말겠다는 간절한 마음에서 일어나는 것이다.

그러므로 대체로 화두를 간절히 용을 써서 참구하게 되고, 그러다보면 이로 인한 부작용이 심심치 않게 발생할 수 있는 것이다. 자칫하면 머리로 생각이 집중되어 상기병(上氣病)에 걸리기도 쉽고, 또는 호흡의 부조화상태에 이르러 격심한 가슴의 통증을 수반하기도 하는 것이다.

따라서 이러한 부작용과 시행착오를 덜 수 있는 방법으로서 화두 참구시에 복식호흡을 병행해 나가는 것이 좋다. 처음부터 복식호흡을 통해서 화두를 들다보면 상기 부작용을 피해갈 수 있을 뿐만 아니라, 망상과 혼침도 줄일 수 있다.

즉, 급하고 완만함이 그 중간을 얻어서, 상기병을 미연에 방지하면서 정진도 제대로 하기 위해서 복식호흡을 권하는 것이다. 그러므로 화두를 드는 것은 간절한 의심을 갖되 머리로 해서는 안 되는 것이다.

즉, 화두를 '배꼽 밑에 두고 관하라'고 권장하는 것이다. 이것은 실제로 눈은 전방을 주시하고 있지만, 마음의 시선을 배에 두고 있는 것을 말한다. 즉, 아랫배가 볼록하고 홀쭉함을 느끼면서 화두를 참구하는 것이다. 그렇게 해서 생각이 단전에 가 있게 되고, 생각이 단전에 가 머무는 그곳에서 알 수 없는 의심을 내어 '이게 무엇인가'하면 화두가 단전에 가 있다고 하는 것이다. 그렇지 않고 머리로서만 '이게 무엇인가, 이게 무엇인가'하면 기(氣)가 상승해 상기병 에 걸리게 되는 것이다. 이

때 단전에 무리한 힘을 주게 되면 탈장할 우려가 있으니, 호흡을 자연스럽게 하는 것이 중요하다.

②호흡: 준비호흡. 본호흡
ⓐ준비호흡 →2~3번(공기를 코로 가득 들이마셔 잠시 머물렀다 입으로 내쉬기를 두세 번 해서 폐 속의 묵은 공기를 완전히 방출한다.)
ⓑ본호흡 →3~4초(8부쯤)마심 →3(1~2)초 머뭄 →4초(~10~ 사람의 체질에 따라 점차 길어짐)내쉼.
㉮공기를 조용히 들이마시되 아랫배가 약간 볼록하도록 하고, 조용히 내쉬어 차츰 아랫배가 약간 들어가도록 8부 가량만 숨을 쉰다. 이 때 잠시 호흡을 머물렀다가 내쉬면서 '이게 무엇인가'.
㉯사람의 체질에 따라 숨이 짧은 사람은 조금 짧고, 숨이 긴 사람은 길게 해도 상관이 없다.
계속해서 하다보면 5·5·5 해서 15초 걸리게 할 수도 있고, 10·10·10 해서 30초 걸려서 하게도 된다.
㉰그런데 호흡을 길게만 하면 좋은 것으로 알아서, 처음부터 길게 호흡을 잡아서 하면 안 된다.
나중에는 숨을 내쉬지도 못하고 들이마시지도 못하고 가슴이 답답해서 애를 먹게 된다. 무리 없이 본인에게 가장 편한대로 해야 한다.
㉱가슴 답답할때 →거꾸로(들이쉴 때→아랫배가 홀쭉, 내쉴 때→ 아랫배가 볼록-->가슴폐로 호흡). 이렇게 하다보면 가슴이 답답함이 사라진다.
㉲어쨌든 호흡에 있어서는 전체적으로 숨이 가쁘거나 막히도록 하지 말고, 무리가 없도록 자연스럽고 편안하게 해야 부작용이 없는 것이다.
㉳공양 2시간 이내는 단전호흡을 하지마라.

㉖그렇게 해서 한번 들이마셨다가 내뿜고 '하나', 또 한번 들이마셨다 내뿜고 '둘', 또 들이마셨다 내뿜고 '셋' 해서 '열'까지 올라간 다음에는 또 들이마셨다 내뿜고 '아홉'.

그 다음에 들이마셨다 내뿜고 '여덟', '일곱'해서 거꾸로 세어 내려가서 '하나'에 도달하면,

다시 또 '하나'에서부터 '열'. 또 '열'까지 가면 '아홉', '여덟' 해서 올라갔다 내려갔다 몇 번을 하도록 연습을 하는데, 중간에 딴 생각을 해서 몇까지 세었는지 잊어버리는 경우에는 하나에서 다시 세어간다.

㉗중간에 그런 실수 없이 '열'까지 올라갔다 내려오고 몇 번을 해도 무난히 될 때는,

그 다음에는 '하나'에서 '스물'까지 올라갔다 내려오고.

'백'까지 올라갔다가 '아흔아홉', '아흔여덟' 해서 '하나'까지 내려올 수 있도록 한다.

㉘중간에 한 번도 잊어버리지 않고 '백'까지 올라갔다가 '하나'까지 내려오는 것이 실수 없이 되면 호흡의 기초가 완전히 잡힌 것이다.

㉙항상 숨을 들이마실 때 배가 차츰차츰 볼록해지는 걸 의식하고, 내쉴 때는 홀쭉해지는 것을 느끼면서 한다.

그렇게 신경을 단전에 두기 때문에 자연히 모든 기운이 단전으로 내려가게 된다.

신경을 머리에 두면 전신의 기운이 머리에 올라가는 것이고, 또 발에다 두면 발로 내려가는 것이다. 생각을 두는 곳에 기운도 그리 모이게 되는 것이다.

그래서 단전호흡을 하면 혈압이 높은 사람, 상기증세가 있는 사람, 골치 아픈 사람, 피로한 사람, 흥분한 사람, 노이로제, 중풍, 고혈압, 위장병, 그런 모든 증상이 다 풀어지게 되는 것이다. 이러한 이치는 아주 간단한 것으로 하나도 어려울 것이 없다.

㋑이렇게 하다보면 처음에는 어렵게 느껴질지라도, 계속해서
하다보면 나중에는 무심결에 그렇게 된다.

㋣그렇게 해서 자세를 바르게 하고 호흡을 바르게 하고, 이
런 정도가 된 다음에 비로소 생각을 바르게 하는 방법을
배워야 한다.

㋐그러면 어떻게 해야 생각을 바르게 하느냐?

3) 바른마음(바른화두· 생각)

①좌선에 임하는 마음가짐은 편안하고 즐거워야 한다.

편안하고 즐겁기 위해서는 우선 만족해야 한다. 만족하기 위해
서는 더 이상 추구하는 바가 없이 일체의 바램을 놓고 쉬어야
한다.

아울러 좌선을 하는 때에는, '몸으로써 깨닫는다'는 입장을 취
할 필요가 있다.

부처님께서도, 차라리 사대(四大)로 된 물질 몸에 대해서는
'나'와 '내 것'에 매일지언정, 의식(意識)에 대해서 '나'와 '내 것'
에 매이지 않아야 할 것이라고 말씀하셨다.

이처럼 우리는 고정관념이나 선입견에서 벗어나기가 어려운
것이며, 우리의 생각은 하루에도 수십 번씩 바뀌고 흔들리는
것이다.

그렇기 때문에, 사량분별이나 지견의 이해 및 알음알이로써 깨
닫고자 해서는, 백천만겁이 흘러 미륵보살이 하생한다 해도 깨
닫기가 불가능하다고 하는 것이다. 그럴 바에야 이러한 알음알
이는 모두 부처님께 맡겨버리고, 몸으로써 깨닫는다는 마음가
짐으로 좌선에 임하는 것이 오히려 보탬이 된다고 하는 것이
다.

②신심(信心) - 분심(忿心) - 의심(疑心)

ⓐ신심 ->부처가 될 수 있다는 믿음

ⓑ분심 -> "그대는 보지 못하는가. 위로는 모든 부처님과 조사들이 오랜 옛적에는 나와 같은 범부였음을. 그들이 이미 장부이면, 나 또한 장부이니, 단지 하지 않아서 그렇지 할 수 없는 것이 아니다."181)

ⓒ용맹심(勇猛心)
   ->용맹정진이 따로 있는 것이 아니다.
   죽비로 때리고 잠 안자면 깨닫는 것이 아니다.
   일시·일체·행주좌와가 용맹정진이다.
   간절하고 물러남 없는 정진도 좋지만 바르게 해야 한다.

ⓓ의심 ->화두의 간절한 의심
         -->의심이 클수록 크게 깨닫는다.
         -->의심, 즉 '어째서?'를 들어야지, 관세음보살 하듯이 '이게 무엇인가'의 반복(염화두:念話頭)이 아니다.
         -->의심을 머리로 하지 말고(머리가 아프다), 단전에 두라(기를 내리고 안정)
         -->알 수 없는 의단독로(?)란, 알면 안된다(?)가 아니라 무아의 통찰이다.

3. 언제 단전호흡을 하고 언제 화두를 드느냐.

①숨을 들이마셨다가 잠깐 머물렀다 내쉬면서, 내쉴 때 '이게 무엇인가' 이렇게 화두를 드는 것이다.
   숨을 다 내쉬면 다시 들이마셨다가, 약 3초간 정지했다가 내쉬면서 '이게 무엇인가'.

---

181) 野雲比丘 述 自警文 中. "君不見 從上諸佛諸祖 盡是昔日 同我凡夫 彼旣丈夫 汝亦爾 但不爲也 非不能也"

'이게 무엇인가'를 길게 숨이 다 나갈 때까지 길게 한다.
숨이 다 나가면 다시 호흡을 들이마시고 내쉬면서 '이게 무엇인가'.

②처음 하는 사람은 숨을 내쉴 때마다 '이게 무엇인가' 이렇게 하지만, 차츰 익숙해지면, '이게 무엇인가' 한 뒤에 그 알 수 없는 의심이 있으면, 그 알 수 없는 의심이 있는 동안에는, '이게 무엇인가, 이게 무엇인가' 하지 않아도 상관이 없다.
알 수 없는 의심이 없어지거나 딴 생각이 나오면, 그때 '이게 무엇인가' 하고 챙기는 것이다.

③'이게 무엇인가' 글자가 문제가 아니라 '이게 무엇인가' 했을 때, 알 수 없는 그것이 화두의 요긴한 것이다. 의심은 없으면서 '이게 무엇인가, 이게 무엇인가' 염불하듯이 하면 그것은 잘못된 것이다.
'이게 무엇인가'는 이것이 무엇이냐는 알 수 없는 간절한 의심이 있어야 옳게 하는 것이다.
입으로 안 해도 의심이 있으면 화두를 이미 들고 있는 것이다. 무슨 물건을 어디다 놨는데 그것이 어디갔나 찾는 것처럼, 이 몸뚱이를 끌고 다니는 놈, 이것이 무엇인가 알 수 없는 의심이 바로 화두인 것이다.
그 의심이 있으면 '이게 무엇인가, 이게 무엇인가' 반복해서 할 필요가 없다.
단전호흡을 하면서 그 의심을 관하는 것이다.

④이것은 안 될수록 더 열심히 하면, 언젠가는 하려고 안 해도 저절로 화두가 현전하게 되는 것이다. 즉, 언제 어디서나 어떤 상황에서든지 그 의심이 항상 있게 되면, 입선이나 방선이 전혀 상관이 없게 된다.

⑤화두를 들고 있는 사람은 벌써 눈매가 달라지고, 모습이 엄숙하고 경건하면서 눈동자가 딱 못 박히듯 박혀있는 것이다. 감히 누가 옆에 가서 장난도 칠 수 없고 말 붙이기도 어려운 것. (그러나 사실 그 모습이 가까이 하기 어려워서야 되겠는가. 그런 모습이야말로 선원에서 잘못 이해되고 있는 꼴같잖은 상(相)인 것이다. 모가지만 빳빳하게 세워서 독사 흉내 내는 것은 하나도 수행자의 모습 같지 않고, 안팎이 다른 이중적 행태는 너 자신만 모르고 있으니 그만 추한 상을 거두어라. 어떤 모습이든 항상 가까이 다가갈 수 있는 부처님과 근접한 모습, 참된 위의(威儀)가 아니라면 잘못된 것이다.)

4. 참선이 건강에 좋다(?)

①건강은 부수적
　ⓐ깨달음에 있어 신통이 부수적인 것과 같다.
　ⓑ기도에 있어 복(福)이 부수적인 것과 같다
　ⓒ법계에 맞아 들어가기 때문에(정품이 된다), 나머지는 저절로
　　따라오는 것이다(메커니즘 작동)

②꿈182)이나 묘한일·신통183) 등을 무언가 얻은 것으로 착각

---

182) 지그문트 프로이트(Sigmund Freud)는 꿈을 금지된 욕구를 감추거나 위장하기 위한 것이라고 말하였고, 카를 구스타프 융(Carl Gustav Jung)은 꿈의 해석은 그 사람의 삶이나 성격을 들여다보면 알 수 있다고 하였다.
불교적으로 꿈은 우리가 일으킨 생각의 흔적으로 무명이라고 할 수 있다. 꿈이나 형상과 모습에 매이고 점술이나 헛된 말에 매여 아까운 시간을 낭비하며 사는 삶은 곧 무명에 매여 있는 것이니, 그런 것들을 신통이라고 말하는 자체가 바로 어리석은 무명인 것

ⓐ모두가 환(幻)이다.

ⓑ설혹 얻었다 해도, 나의 소견이 나의 그릇이 부처가 될 만한
가, 조사가 될 만한가 비교해보면 그것이 바른 것인지 안다.

ⓒ소위 큰스님들이라는 승려들의 언행행동거지
: 모든 면에서 부처님의 모습에 근접하지 않고 이중적 모습을
보인다면 잘못된 것이다. 그리고 그들 대부분이 언행이 일치

이다.

183) 신족통(神足通), 천이통(天耳通), 천안통(天眼通), 타심통(他心通), 숙명통(宿命通), 누진통(漏盡通)의 여섯 가지를 육신통이라고 하여 초월적인 능력으로 간주한다. 그런데 기실 이러한 신통들은 현시대에 대부분 이미 이뤄지고 있는 것들이다. 예컨대 전화기나 TV는 천이통과 천안통, 비행기는 신족통이 구현되는 것이다. 과거에는 그 원리를 이해 못하였으니 이것을 보았다면 신통하다고 하겠으나, 지금은 원리를 모르는 사람들도 그냥 당연하게 사용할 뿐 신통하다고 말하지 않는다. 불교에서 일어나는 소위 신통이라는 것도 마찬가지이다. 그 무아적 인과의 원리를 알면 너무도 당연한 것이다. 그런데도 그것을 자기가 직접 몸으로 해야 신통인줄 안다. 비행기 타면 편하게 미국에도 날아가는데, 전혀 되지도 않겠지만 된다 치고, 뭐하러 수십년 수행해서 몸뚱이로 공중에 떠서 날으려고 하는가. 그렇게 신통을 얻었노라하는 무리들에게 '그러면 방송에 나와서 공중에 잠깐만 떠있으면, 낮은 근기의 사람들이라도 불교에 많이 입문할테니, 불교를 위해 한번만 보여달라'하면, 열에 열은 뭐라 말하냐면, '부처님이 신통을 보이지말랬다'고 한다. 그러면 신통을 얻어서 공중에 뜬다라는 씨나락 까먹는 소리는 왜하고 다니는지, 도대체 무슨 생각을 하면서 사는지 모르겠는 자들이 도처에 많은데, 더 가관인 것은 그런 무리들에게 소위 신도라는 상등신 무리가 바글바글 하다는 것이다. 그것은 바로 그나물에 그밥들, 끼리끼리법칙이니 부처님이 보신다면 실로 안타까움만 가득할 일인 것이다.

되지 않는 이중적 행태를 하고들 있다는 사실이 문제이다.
그러나 석가모니부처님은 승가의 이상적 모델이 아니라, 분명
하게 실현된 현실의 모델이다.

L. 아리야 삿짜(ariyasacca)[184]의 이해[185]

1. **대상**(색성향미촉 = 오욕락) + **인지**((안이비설신 = 인식기관) + 가치 판단) = **까마**(욕망)

①색계선정수행
 ⓐ대상을 까마로 보지 않고 대상 그대로 봄.
 ⓑ인간의 욕망적 판단에 의해 규정된 가치를 버리고, 마치 금의 가치를 몰랐을 때의 어린아이가 금을 보듯 욕망을 다스림.
 ⓒ까마를 포기하고 하나의 대상에 집중.
  -->욕망이 사라진 듯한 착각.

②무색계선정수행
 ⓐ대상마저 없어져 버리고, 더 나아가 대상을 바라보는 마음마저 사라져 버림.
 ⓑ근본요소의 생멸이 사라진 무색의 즐거움에 빠짐.

③색계·무색계선정수행을 통해, 대상을 물질 그대로의 모습이나 아무것도 없는 것으로 보는 것은, 대상을 바로 보는 것이 아니기 때문에, 바른 인간관계(참무아 = '인+연')또한 만들어갈 수 없다.

---

184) 아리야 삿짜(ariyasacca): 성스러운 진리 ->사성제를 가리킨다.
185) 본 단원(單元)에서는, 동남아시아 남방불교의 특징을 대체로 잘 설명하고 있는 '우 냐나(U ñana: 미얀마僧) 著, 「Dhamma:붓다의 가르침, 2010. 아리야삿짜(Ariya-sacca), 지혜롭고 바른 사람이 되기 위한 진리(聖諦)」』'의 내용을 부분적으로 인용하고, 본 저자의 짧은 견해를 주석(註釋)해서 정리 하였다.

194

집중상태에서만 번뇌를 잠시 제거할 수 있기 때문에 항상 고요한 곳을 찾아 가게 되는데, 이런 사람들은 나쁜짓을 하지는 않겠지만, 해야 할 바른 행동도 하지 못한다.

④까마, 루빠·아루빠의 삶을 갈망(두 가지 치우친 길)186)
 ->괴로움이 생기는 원인

---

186) 두 가지 치우친 길.
　①욕계 ->욕망의 길
　②색계·무색계 ->생명체가 지닌 자연스러운 욕구마저 버려야
　　　　　　　　　　할 욕망으로 알고, 그것을 억눌렀을 때 느끼
　　　　　　　　　　는 즐거움을 쫓으며 금욕의 길을 걷는다.
　③까마, 루빠·아루빠
　　ⓐ까마(kāmā) : 욕계(欲界)
　　　->원함, 바램. 가치판단이 들어간 주변의 다섯 가지 대상
　　　->대상을 보고 감각적 쾌락을 추구함
　　ⓑ루빠(rūpāva) : 색계(色界)
　　　->사람들의 잣대로 값어치가 매겨지지 않은 물질 그 자
　　　체.
　　　->대상을 물질로만 봄.
　　　->욕망을 억누르기 위해 마음을 한곳에 집중해 붙들어
　　　매어둠.
　　ⓒ아루빠(arūpā) : 무색계(無色界)
　　　->물질이 아님. 물질조차도 존재하지 않는 상태.
　　　->대상을 물질조차도 없는, 곧 아무것도 없는 것으로 봄.
　　　->대상을 근본요소로 나누어봄
　　　　-->근본요소의 생멸을 관찰함 -->근본요소의 생멸
　　　을 싫어함 -->생멸이 사라진 것을 봄.

2. 오온(五蘊) <---> 오취온(五取蘊: 오온 + 번뇌)

      ↓   ↓

  자연적 <--->   둑카(dukkha(苦):하지 말아야 할 짓(행위:업)을
                     해서 생긴 괴로움(느낌·정서가 아닌 행위로 인
                     한 것))

                           ↓

    *해야 할 것은 해야 한다. 해야 할 것을 하는 것은 괴로움
    의 원인이 아니다.
      --->수준있게 잘먹고 잘사는 것: 욕심탐욕이 아니다.
      --->아무것도 가진 것이 없는 것을 청정한 무소유로 잘
      못 이해하면 안 된다.[187)188)]

---

187) 무소유란 욕망·집착을 버린다는 것이 아니라, 소유, 곧 유아
의 본질을 파악하고, 욕망이 목적이 아닌 요익(饒益)의 수단으로
사용될 수 있도록 하는 무아의 바른 이치인 것이다. 유아의 소유
에서 무아의 소유로 전환시키는 것이 진정한 무소유로서, 곧 무소
유는 바로 무아인 것이다.

188) ①영가집 발원문에 담긴 무소유·무아의 요지.
  『禪宗永嘉集 中 發願文第十, 唐 玄覺 撰』 "不願榮飾 安貧度世
少欲知足 不長畜積. 화려한 장식을 바라지 않고, 가난을 편히 여
겨 세상을 지내며, 욕심을 줄이고 만족할 줄 알아 오래 쌓아 두지
않으며…"
  ==> 이 말은 청빈하게 김치 한 조각으로 살아라하는 말이 아
니라, 유아의 욕망을 가난하게 하는데 노력하여 힘쓰고, 무아의
진리를 부유하게 하라는 의미이다.
②경전에 담긴 무소유·무아의 요지.
  『한글경전모음집』'藥師琉璃光七佛本願功德經', 唐 義淨 漢譯,
적행 번역, p.37中. "第四大願 願我來世得菩提時 若有衆生 少乏衣
食瓔 珞臥具財貨珍寶 香花伎樂 若能至心稱我名者 由是力故所乏資
生 皆得充 足乃至菩提. 네 번째 대원은, '원하옵건대 내가 내세에

최상의 깨달음을 얻어 부처가 되었을 때, 만일 어떤 중생이 의복 (衣服)과, 음식과, 영락(瓔珞)과, 침구(寢具)와, 재물(財物)과, 진귀한 보배와, 향(香)과, 꽃과, 공양(供養)하기 위한 노래와 춤(歌舞) 등이 부족하고 가난하더라도, 만일 능히 지극한 마음으로 나의 이름을 부르는 이는, 그 힘으로 말미암은 까닭에 가난하던 살림이 모두 가득하여져서 모자람이 없게 되고, 나아가서는 최상의 깨달음에 이르게 하겠나이다."

==> 의복, 음식 등은 나 자신이 바른 진리인 육법(六法) 자체가 되어 나를 공양하는 것을 말함이니, 그것이 부족하고 가난하다는 것은 유아의 상태인 까닭이므로, 여래의 이름을 불러, 즉 여래의 서원과 공덕을 실천함으로써 유아의 상태인 나가 무아의 존재인 여래, 곧 무아의 나로 전환되는 것을 말함이다.

③성경에 담긴 무소유·무아의 요지1.

마태복음 5:3. "심령이 가난한 자는 복이 있나니 천국이 저희 것임이요. Blessed are the poor in spirit, for theirs is the kingdom of heaven." 『聖經全書 Korean Revised Version』, 대한성서공회.

==> 여기서 가난을 두 가지로 볼 수가 있는데, 하나는 현실의 절실한 가난으로 고통속에서 의지하려는 힘이 크므로, 대부분이 추종하는 맹목적 믿음을 끌어내는 것이고, 다른 하나는 욕망의 가난으로 무아·무소유를 의미하는 것이니, 욕망이 가난하고 진리가 부자이니 당연히 '福 = 示 + 一 田 口' 곧 '天地人·身口意'를 조화하는 이로서, '천국', 곧 바른 무아의 존재가 되는 것이다.

④성경에 담긴 무소유·무아의 요지2.

마태복음 11:28~30. "수고하고 무거운 짐 진 자들아 다 내게로 오라. 내가 너희를 쉬게 하리라. 나는 마음이 온유하고 겸손하니 나의 멍에를 메고 내게 배우라. 그러면 너희 마음이 쉼을 얻으리니, 이는 내 멍에는 쉽고 내 짐은 가벼움이라 하시니라. Come to me, all you who are weary and burdened, and I will give you rest. Take my yoke upon you and learn from me, for I am gentle and humble in heart, and you will find rest for your souls. For my yoke is easy and my burden is light."

==> 이 말은 사는 것이 힘들고 지친사람에게 구슬픈 음악 틀어놓고 '지친이여 내게로 오라. 내가 너를 편히 쉬게 해주리라' 하면, 눈물을 펑펑 흘리면서 '오! 예수님, 믿습니다.' 하는 그런 말이 아니다.

여기서 '수고하고 무거운 짐 진 자들'이란 유아의 욕망을 짊어지고 그로 인해 괴로운 자들이며, '쉬게 한다'는 것은 무아의 진리로 전환케한다는 뜻이다. '온유하고 겸손한 나'는 바른 상태의 무아의 존재인 것이며, '나의 멍에', 곧 '멍에: yoke = 연결·결합: join'으로, 因과 緣의 연결조합인 연기(緣起)의 법을 말한다.

그러므로 내가 알려주는 '무아의 인+연을 만드는 법'은, 너희들이 욕망으로 결합해서 스스로 만드는 힘든 괴로움이 아닌, '내 짐은 가벼움', 곧 욕망을 벗어난 바르고 영원한 진리이므로, '내 연결(join)은 쉽고', 곧 나의 因과 緣을 결합하는 바른 행(行)을 통해 따라 실천할 때, '너희 마음이 쉼을 얻으리니', 곧 '무아의 나'가 되리라는 것이 요지인 것이다.

⑤가톨릭 성체의식(聖體儀式)에 담긴 무아의 요지.

"Accípite, et manducáte ex hoc omnes:

Hoc est enim corpus meum,

Quod pro vobis tradetur.

너희는 모두 이것을 받아 먹어라.

이는 너희를 위하여 내어 줄 내 몸이다."

"Accípite, et bibite ex eo omnes:

hic est enim calix Sangunis mei,

novi et aeterni testamenti:

qui pro vobis et pro multis effundetur

in remissionem peccatorum.

3. 괴로움을 사라지게 하는 팔정도를 닦으면

　①괴로움을 알게됨

　②괴로움이 생기는 원인을 없앨 수 있음

　③괴로움의 사라짐

(고 ->집 ->멸 ->도 === 도(중도, 바른길) ->고 ->집 ->멸)

　　　　　　↓　　　　　　　　　　　　　↓

왜 괴로운가 원인부터 === 원인은 일단 접고(독화살의 비유), 먼
파악　　　　　　　　　　저 팔정도의 실천으로 자연스럽게 고
　　　　　　　　　　　　와 고의 원인을 알고 제거

Hoc facite in meam commemorationem

너희는 모두 이것을 받아 마셔라.

이는 새롭고 영원한 계약을 맺는 내 피의 잔이니

죄를 사하여 주려고 너희와 모든 이를 위하여 흘릴 피다.

너희는 나를 기억하여 이를 행하여라."

"Corpus Christi.

그리스도의 몸"

"Ite, missa est.

미사가 끝났으니 가서 복음을 전합시다."

"Deo gratias.

감사합니다."

==>그리스도의 몸과 피는 유아를 벗어난 무아의 진리이다. 불
교의 헌공의식 중 사다라니(四陀羅尼)를 통해, 공양올린 '유아
의 나'가 '무아의 나'로 변식되는 것과 같은 것이니, 바다같이
한량없이 늘어난 '무아의 나'가 온 법계에 회향되듯이, 그리스도
의 몸과 피, 즉 예수가 했던 것과 같은 무아의 행을 실천(福音:
Gospel, good news)하여 요익(饒益)하도록 하라는 의미가 담겨
있다.

4. 두가지 치우침

①욕망, 금욕(색계, 무색계)을 벗어나 바른행복에 이르기 위해 여덟가지 바른길을 따라가면 괴로움을 벗어날 수 있다. 이런 사람은 사성제를 깨달았다고 할 수 있다.

②그는 사람들이 괴로움을 벗어나지 못하고 있다는 것을 안다. (苦)

③괴로움에서 벗어나지 못하는 까닭도 안다.(集)

④괴로움에서 벗어난 평화도 알고 있다.(滅)

⑤괴로움에서 벗어나는 방법도 알고 있다.(道)

⑥이렇게 지혜롭고 바른 사람이 되기 위한 진리를 바탕으로, 세상을 바라보고· 이해하는 대로· 할 바를 해야 하는 것.

⑦지금의 삶속에서 공동체의 한사람으로서 해야 할 바를 실천하는 것을, '수행'(법을 닦는다) 이라 해야 한다.

5. 중도(中道)[189] == 팔정도(초전법륜경)

①눈을 뜨게 하고 →보는 능력

②지혜를 만들고 →아는 능력

③번뇌를 고요하게 →바른행위로 바른관계를 맺도록. 탐진치의 갈등이 가라앉는다.

---

[189] 중도(中道)는 까마와 루빠·아루빠의 두 가지 치우친 길에서 벗어난 것이다. 즉, 욕망(욕계, 까마:kama)의 흠을 보아 까마가 주는 즐거움을 포기하고, 대상을 물질이나(색계, 루빠:rupa) 아무것도 없는 것으로(무색계, 아루빠:arupa) 보는 것은 대상을 올바로 보는 것이 아니기 때문에, 바른 인간관계 또한 지어나갈 수 없다. 집중상태에서만 번뇌를 잠시 제거할 수 있기 때문에 항상 고요한 곳을 찾아가게 되는데, 이런 사람들은 나쁜 짓은 하지 않겠지만 해야 할 바른 행동도 하지 못한다. 이것이 팔정도에 담긴 중도 사상의 요지라고 할 수 있다.

④특별한 세 가지 지혜를 일으킴 →삼명(三明)의 신통

ⓐ숙명통: 번뇌·업·과보가 끊임없이 반복하며 나타나는 윤회를 꿰뚫어 알게 되면, 업을 일으키는 번뇌에 대해 알게 된다.

ⓑ천안통: 업의 과보도 알게 된다.

ⓒ누진통: 번뇌·업·과보를 끊임없이 돌게 만드는 숨은 번뇌를 완전히 끊어버리면, 더 이상 윤회의 수레바퀴에서 헤매지 않게 된다.

⑤네 가지 진리를 바르게 알게 함 →지혜롭고 바른 사람이 되기 위한 진리인 사성제를 앎.

⑥괴로움을 사라지게 함 →열반. 업을 짓지 않는 것. 짓고자 하는 갈애(渴愛)가 완전히 사라진 것.

6. 윤회

①하지 말아야 할 행위를 끊임없이 계속하게 되는 순환.

②업의 과보(과거의 행위에 의해 기억된 식이 똑같은 행위를 현재의 다른 대상에 하게 됨)

ⓐ과보와 단지 행위로 생긴 결과는 다른 것이다.(단지 행위로 생긴 결과는 치밀하지 못함에 의해 발생(?)[190])

ⓑ업이 주는 진짜 과보

: 한번 그 업을 짓고 난 다음에 그 업을 짓는 동안에 마음에 새겨진 경험이 사라지지 않고, 다시 어떤 대상을 만나더라도 그 대상과 동일시해서 그 경험을 다시 느끼고자 하는 것.

그래서 그 업과 같은 행위를 다시 하고 싶어 하는 마음. 곧 번뇌가 일어나고 또 그 업을 짓게 됨. 이렇게 업이 끊임없이 현생에서(?) 돌고 도는 것이 윤회다.[191]

---

190) 우 냐나(U ñana: 미얀마僧)의 주장

191) 우 냐나(U ñana: 미얀마僧)의 주장

< 물음) 그렇다면 현재 나쁜짓을 하는데 잘 사는 것(물질적으로 든)은 어떻게 보아야 하는가. 인과응보, 즉 나쁜짓에 대한 보편 타당적인 과보는 없는가?

①우 냐나(U ñana)[192)의 주장
:도둑질을 하고 과보가 나타나지 않고 잘산다면, 내생(앞으로 남은 생의 시간 + 다음 생)에 과보가 나타나는 것이 아니라, 도둑질한 바로 그 순간 도둑놈이라는 이름이 된 것이 과보다. (잡힌 건 치밀하지 못하고 실수한 탓이다)
그리고 도둑질을 하고 싶어 하는 행업이 남아있어서, 언젠가는 다시 도둑질을 하고픈 충동을 일으키거나 도둑질을 하게 된다. 그렇게 같은 행위를 반복해서 하게 되는 것이 윤회라고 주장. 즉, 삼세(그러나 이러한 삼세관도 도둑질하면 나중에 똑같이 도둑 맞는다는 잘못된 삼세관이다)가 아니라, 지금 생에서 바로 나타난 것이 과보라고 주장.
　　-->현생의 인과의 한부분만으로 전체처럼 윤회를 보고 있
　　　 는 듯하다(현업(現業))

②그러나 과보는 다른 형태로 나타날 수도 있다.
:도둑질을 하면 자신(도둑놈이라는 이름뿐만 아니라 여러 가지 형태의 과보), 남, 세계... 등에 영향. 또 그런 현업의 논리만으로는 우주의 생성이 설명 되지 않는다.
다시 말해 삼세의 윤회는, 도둑질을 하면 내생에 도둑을 맞는다거나, 또 도둑이 된다는 개념이 아니라, 식(識)에 그러한 업인이 저장되어 소위 불량품이 됨으로써 법계의 메커니즘에 적합하지 않게 되고, 퇴출(법계에 감응되지 못하므로 사는 것이

192) 우 냐나(U ñana: 미얀마僧) 著,「Dhamma:붓다의 가르침, 2010. 아리야삿짜(Ariya-sacca), 지혜롭고 바른 사람이 되기 위한 진리(聖諦)」

물질적이든 정신적이든 힘이 듬) · 대기(정품이 될 때까지 육
도윤회) 된다는 개념이다.193) >

---

193) *공덕(功德)과 복(福), 저축과 이자의 비유.
 : 예컨대 공덕을 저축이라 하고 복을 이자라 했을 때 어떤 사람
이 이렇게 말한다면,
① 이자(복)가 안 나온다.
 -> 저축(공덕)을 안했다.
  --> 지금부터 저축(공덕)을 시작하면 된다.
② 저축(공덕)을 했는데 이자(복)가 안 나온다.
 -> 저축(공덕)의 시점이 언제인가. 어제 저축해놓고 이자가 안
    나온다고 하는 경우이다.
    --> 이자가 나오는 시점이 언제인가에 매달리지 말고, 포기
       하지 않고 지속해서 저축(공덕)을 하면 된다.
③ 저축(공덕)을 안했는데 저 사람은(악한 사람도) 이자(복)를 받
   는다.
 -> 그 사람이 지어서 가져온 저축(공덕)이다. 그것을 어떻게 쓰
    느냐는 오로지 그 사람의 인과의 업이다. 그런데 만일 가져온
    저축(공덕)을 쓰기만 하고 채우지 않는다면, 언젠가는 다 쓰
    게 될 것이고, 자신이 지은 저축(공덕)을 다 쓰게 되는 시점
    에 더 이상 이자(복)도 없다. 좋은 예가 삼성의 이건희의 경
    우이다. 돈이 많다고 하지만 이미 비명횡사의 상태로 내 것이
    라고는 전혀 없다.
    --> 다른 사람의 경우는 그 사람이 짓고 받을 인과의 몫이
       니, 반드시 드러날 인과의 분명함은 보고 배우되, 그런 것
       에 쓸데없이 마음을 쓰지 말고 ①②의 실천을 계속해 나가
       면 된다.

7. 왓차곳따의 여래는 사후에 존재하는가의 질문과 십사무 기[194]

1) 여래 사후(死後)

--->인간 사후가 되어야(인간에게는 인간의 문제가 더 중요)

--->윤회의 문제

①죽은 뒤 태어난다.

②태어나지 않는다.

③죽은 뒤 다시 태어나기도하고 태어나지 않기도 한다.

   --->윤회와 해탈의 문제.

   --->깨달음을 얻으면 생사윤회를 벗어나고, 깨닫지 못하면 윤 회 속에 괴로움.

④죽은 뒤 다시 태어나는 것도 아니고 태어나지 않는 것도 아 니다.

   --->생명체의 윤회를 가정하면 해결하기 힘든 문제가 생명체 의 연속성에 관한 문제이다.

   ⓐ과거에 존재한 자신과 현재의 자신이 같은가 다른가?

   ⓑ같다면 어떻게 같고 다르다면 어떻게 다른가?

   ⓒ무아윤회 ⟷ 유아윤회의 검증할 수 없는 주장만 있다.

   --->이 질문은, 과연 같으면 어떻게 같은 존재고, 다르면 어떻 게 다른 존재인가?

   만약 생명체의 윤회가 사실이라면 이들 가운데 어느 하나 를 취해도 문제가 있다.

---

194) 악기왓차곳따경(Aggi-vacchagotta sutta)의 십사무기(十事無 記). 독화살의 비유로 알려진 말룽꺄뿟타(Malunkyaputta, 만동자) 의 십무기(十無記)와 잡아함경에서 십사무기(十四無記)로도 기술 되는 불교의 실재존재에 대한 가르침이다.   pp.9~10 각주13)14) 참조

즉, 이도저도 아니고 같으면서도 다르다는 입장을 취해야 하기 때문이다.

따라서 바로 알 수도, 확인할 수도 없는 생명체의 윤회에 관한 난감한 문제를 살짝 피해가는 견해가 이 질문이다.

즉, 전생에 죽은 그 사람이 그대로 다시 태어나는 것도 아니지만, 그 사람이 지은 업의 과보에 따라 태어나기 때문에, 그렇다고 그 사람이 다시 태어나지 않는 것도 아닌 것이라고 주장하는 것이다.

2) 우 냐나(U ñana)의 주장 : 업과 윤회, 해탈과 열반의 관점
   ->삼세를 통한 생명체의 윤회로 보는 기존의 관점이 아닌, 지금 여기 이 삶속에서 찾아야 한다는 주장 = 현업(現業)

<그러나 이 주장은 '이유이무 비유비무(而有而無 非有非無)'의 중도적 공을 이해하는 차이에서 나오는 것 같다. 현상적 눈으로 보게 되면(즉, 눈상...'안이비설신의'상), 하늘에 떠있는 태양이(나아가 삼라만상이) 현실적 같으면서도 비현실적으로 보인다. 즉, 눈상(안이비설신의상)으로는 단정적으로 설명할 수 없는 것이 있다.

열 가지 질문에 대한 침묵의 이유도 바로 '이유이무 비유비무'의 중도적 공인 때문이다. >

<<견해--중도적 견해 -->서로 맞다고 주장하는 것의 무의미>

1) 천동설과 지동설

 ①프톨레마이오스(Claudius Ptolemaeos)
   ->천동설 -->지구가 우주의 중심

 ②코페르니쿠스(Nicolaus Copernicus), 갈릴레이(Galileo Galilei)
   ->지동설 -->우주의 중심은 태양

 ③보는 관점에 따른 차이
   ⓐ지구의 관점으로 보면 천동설.
   ⓑ태양의 관점으로 보면 지동설.
   ⓒ은하적 관점: 태양 지구가 다 돈다.
   ⓓ전 우주적 관점: 모두 다 돌 수도, 안돌 수도 있다.
   ⓔ거시적. 미시적 관점: 지구가 둥글다 -->평평할 수도 있다.

 ④궁극적으로는 우주의 구조 원리에 대한 지적 갈망이지, 지구가
   도냐, 태양이 도냐 하는 문제는 그들 학자들에게는 논의방법의
   하나에 불과하다. 그런데 오히려 다른 사람들이 천동이냐, 지동
   이냐, 성경이냐, 아니냐로 싸움.

 2) 호흡의 관찰
   ①코에서 관찰하냐, 배에서 관찰하냐?
   ②어느 것이든(코, 목, 가슴, 배 어디든 모두가 호흡의 경로) 풍
     (風)의 특성, 원리를 알기 위함

 3) 대상을 보는 것
   ①거울을 보는 것과 같다.

②내가 내 모습을 직접 보지 못하니 거울(대상)을 통해 봄.

③나를 보기위해 작은 거울, 큰 거울, 더러운 거울

  -->대상이나 방법에 힘든 차이는 있어도 보려는 목적은 같다.

  -->거울에 매이면 안 됨.

4) 버스타기 ->김포에서 송정역

①어느 버스든 송정역에 간다.

②앞문이냐, 뒷문이냐, 앞자리냐, 뒷자리냐. 어떻게 타든 버스에 타면 송정역에 간다.

③그중에 가장 빠르고 편안한 버스(부처님이 해본 방법)가 있는 것.

④그러나 이 버스가 빠르다 늦다 가지고 싸우고 있으면 안된다.

  -->중요한건 송정역에 가는 것이 목적이라는 것.

  -->말롱꺄뺫타의 질문과 독화살의 비유

⑤석가모니 부처님이 말씀하신 방법이 제일 좋다.

⑥그러나 불가피한 경우.

  ex) ⓐ버스 앞문 고장남 -->뒷문타기.

    ⓑ버스파업 -->다른 버스 타기

      ==> 그래도 송정역에 간다.

  이런 것이 방편195)이지 사주보고 뭐하는 것이 방편이 아니다. 함부로 방편이라는 말을 쓰지 말라. >

---

195) ·方: 방법, 방향, 두루, 널리, 모두, 바르다

  ·便: 편하다, 익히다, 적절하다

  --->모두 바르게 하다

방편의 참된 의미를 알지 못하고, 점을 보는 등 삿된 짓을 하는 것을 방편이라고 말하는 삿된 자들과, 그것을 따르는 사람들이 불교 안에 넘쳐나는 것이 문제이다.

8. 진정한 생로병사

; 생로병사가 괴로운 것은 참무아의 생멸(열반: 이것이 생일을 축하해줄 이유, 죽음을 축하할 이유[196])이 아닌 오취온(五取蘊)의 생로병사(~우비고뇌)이기 때문.

9. 무상과 무아, 열반의 정의

1) 무아(無我) = 非我(아낫따:anatta)
 ①고정된 실체가 없다.(나라고 하는)
 ②더러움에 물든 오취온이 내가 아니다.
 ③삼독심을 제거하기 위해 팔정도를 닦아가는 바른 자기 자신이 나이다.(아트만과 어떻게 다른가?)

2) 무상(無常. 아닛짜:anicca)
 ①생겨나 사라지고 없어진 상태
 ②어떤 것이 생겼지만 그 상태가 바르지 않기 때문에 망가졌다.[197]

---

196) 장자(莊子)는 진인(眞人)이 되면 삶을 기뻐하지도 죽음을 꺼려하지도 않고 생사로부터 자유로워진다고 하였다. 그것이 장자가 자신의 처가 죽었을 때 노래를 부르고 춤을 춘 까닭이다. 장자가 말하는 진인은 자신을 초월한 사람을 말한다. 그래서 진인은 무심으로 소요하면서 생사를 넘나든다. 몸을 타고 난 것은 때를 얻은 것이요, 삶을 잃은 것은 자연의 변화를 따르는 것이다. 이렇게 우주의 질서와 자연의 조화를 따르면 삶과 죽음에 집착하지 않고 걸림 없는 자유로운 경지에서 살 수 있으니 그것이 속박으로부터의 해방인 것이다.

197) 항상 하지 않다.

3) 기독교의 무아와 불교의 무아는 완전히 다르다
 ①기독교의 무아
  ->신의 피조물이므로 나라고 할 게 없다.
  ->주체성이 없다. 완성된 존재
  ->말 그대로의 '나는 없다'는 단어적 개념

 ②불교의 무아
  ->내가 아님을(오취온의 나가 내가 아님) 발견하여 진짜 나
    를 발견한다.
  ->곧 무아를 알면 참아를 발견한다. 무상을 알면 참상을 발
    견한다.
  ->주체성이 있다. 변화하는 존재. 만들어져 가는 존재
  ->없다는 개념이 아니라, '아니다'는 개념
  ->이유이무 비유비무(而有而無 非有非無)의 개념

4) 열반(涅槃)
 : 참아가 드러남, 견고하고 튼튼함(참常)198), 평화롭고 행복(즐거
   움(樂)), 밝고 깨끗함(淨, 둑카(苦)가 사라짐)의 상태

5) 무아경(無我相經:Anattalakkhaṇa Sutta)199)의 무상, 고, 무아
 ①망가짐은 지나친(하지 말아야할) 행위로 인한 과보요,
   과보를 되풀이하는 나는 진실된 내가(참무아) 아니다(非我).

---

198) 사라지지 않는 것, 항상한 것, 진리
199) 제법무아(諸法無我)의 핵심내용을 담고 있는 무아경은, 부처
님께서 오비구에게 팔정도의 내용을 처음으로 설법하신 초전법륜
경에 이어 두번째로 설법하신 가르침으로, 무아(無我)에 대한 이
해를 통해 오온(五蘊)에 대한 바른 견해를 통찰하고 올바른 팔정
도의 실천으로 나아갈수 있도록 제시하는 가르침이다. '무아의 특
징 경', '다섯 명의 경'이라고도 한다.

②무아경의 가르침

  ->색(몸)수상행식이 나라면 병들지(삼독심에 물듦) 말아야 한
    다.

  ->내 몸이 이렇게 되기를 바라면 그렇게 되어야 한다.

  ->그런데 몸은 내가 아니기(非我) 때문에 몸은 병들고,
    내 몸이 이렇게 되기를 바라지만 그렇게 뜻대로 되지 않는
    다.

  ->더러움에 물든 몸과 마음을 나, 내 것, 내 자신이라고 보지
    않는다.

  ->아낫따(내가 아님). 아닛짜(망가짐· 파괴됨· 견고하지 않음).
    둑카(하지 말아야 할 짓· 괴로움)로 꿰뚫어 보아야한다. 이
    것이 오취온의 세 가지 특성으로 있는 그대로 보는 것이다.

  ->이렇게 집중해서 보아 더러움에 물든 몸과 마음이 고요해지
    는 것을 '바른 선정'이라 한다.
    즉, 관찰해야할 대상이 모든 대상이 아니라, 오취온인 대상
    만을 말한다.
    대상이 오취온이 아니라면 어떤 경계에 들어간들 붓다가 말
    한 바른선정이 아니다.

10. 아리야삿짜(ariyasacca) 호흡법[200]

1) 이것이 자연스러운 호흡인가(번뇌가 없는), 바깥에서 들어온 번뇌가 시켜서 일어나는 것인가(탐욕·성냄으로 인해 호흡이 달라진다)를 분명히 알아야 한다. 이것이 알아차리는 공부의 목적이다.

①네 가지 알아차리는 공부(身·修·心·法)를 하는 것이, 마음이 도망가지 않도록 대상이라고 하는 말뚝에 묶어두기 위한 것이라는 것은 잘못된 견해이다.

②즉, '신수심법'의 이름만 다른 넷을 반복해 알아차리는 것이 아니라, '신수심법'의 각각의 작용에 번뇌의 유무를 구분해 내는 것이다.

③곧 알아차림은 행주좌와를 참나(무아의 나)가 하는 것인지 번뇌가 시켜서 하는 것인지 구분하는 것이다.

④참나가 아닌 번뇌가 시켜서 하는 것이라면, 이것을 계속 살펴 그것에 대해 '나· 내것· 내자신'이라고 하는 집착이 일어나지 않도록 '알아차림· 노력· 지혜'를 주의 깊게 해야 한다.

⑤ '신수심법'이 모두 그렇다. 이렇게 해서 오취온에 물든 '신수심법'의 집착을 버리고 참나의 오온을 발견.

2) 자연스럽게 일어나는 호흡(몸..수상행식)엔 탐욕과 성냄이 없다. 따라서 그저 호흡만을 관찰한들 탐욕과 성냄이 없어지지 않는다. 알아차리는 힘만 강해져서 쉽게 색계선정·무색계선정에 들게 될 뿐이다.

단지 이익이 있다면, 호흡을 관찰하는 동안에 마음이 호흡에 집중되어 다른 생각이 일어나지 않기 때문에 고요해진다는 것. 그

---

200) p.169의 'X.무아의 화두 -간화선과 위빠사나'에서 간화선과 위빠사나의 수행법에 대한 정리와 비교하면, 오취온과 팔정도의 이해에 있어서 몇 가지 차이점을 보인다.

러나 일상의 삶으로 돌아오면 쉽게 깨진다.

따라서 몸에서 몸(..수상행식)을 살펴본다는 것은, 자연스럽게 호흡이 들어오면 들어오는 대로 나가면 나가는 대로 그저 살펴보는 것이 아니라, 오취온과 관련된 호흡을 정확하게 볼 수 있도록 살펴보는 것이다.

왜냐하면 그 호흡엔 탐욕과 성냄을 비롯한 온갖 더러움에 물든 부정적인 심리가 함께하기 때문이다. 그것을 없애기 위해선 먼저 정확하게 보아야 하기 때문에, 몸에서 몸을 계속 살펴보는 것이다. 그래서 탐욕과 성냄이 있다는 것을 분명하게 알기위해 알아차리는 것이다.

3) 오취온과 관련된 들숨과 날숨을 그대로 살펴볼 수 있을 때, '안의 몸'과 '밖의 몸'에 대해 알아차릴 수 있게 된다.

세상201)을 보고 생긴 오취온으로 인한 탐욕, 성냄202). 알아차림203)의 목적은 이것을 없애기 위해 알아차리는 것이다. 단지 대상을 알아차리기 위함이 아니다.

---

201) 로까(loka: 세상, 세간) =>바깥세상. 더러움에 물든 몸과 마음(오취온:五取蘊)

202) 탐욕과 성냄 =>대상을 잡아당기고 밀쳐내는 것. 모든 부정적 심리 상태의 대표적인 것.

203) 알아차림 -> 노력-> 지혜 ==>팔정도의 것

< 測字破字로 본 불교용어의 해석 >

1) 행복(幸福)

 ① 幸
一 + 立 + 十 --> 하나에서 십까지 바로 서다 == 순리에 따
                                          르다

十 + 一 + ‖ + 一 + 十 -->십에서 일, 일에서 십 == 조화
                                    와 균형을 이루다

一 + 辛 -->처음(근본)을 잊지 않을 때 == 幸, 열반
          -->처음(근본)을 잊으면 == 辛, 고(苦)

 ② 福
示 + 富(:豊) --> 구족(풍요)하여 보이다

示 + 畐 --> 가득하여 보이다

示 + 一(天) + 口(人=六門) + 田(地) --> 天地人이 조화, 일치되
                                    어 바르게 나타난(示) 것을 말한다.

2) 신념(信念)

信 念 = 人 + 言 + 心 + 今

  ==> 신(人=身: 몸, 행동), 구(口), 의(心=意)가, 지금(今: 항상)

일치하는 것이다.

3) 정념(正念)

① 正 + 今 + 心 --> 지금의 마음(신구의 = 심의식)을 바르게
　　　　　　　　　　　　 하다.

② 正念(사띠): 바른 알아차림, 바른기억

③심의식(心意識)
: 마음(心)은 각종 마음작용과 업을 쌓고 일으키는 집기(集起)의
작용으로서의 심(心)과, 생각하고 헤아리는 사량(思量)의 작용으
로서의 의(意)와, 대상을 인식하는 요별(了別), 즉 앎 또는 분별
의 작용으로서의 식(識)으로 구별하나, 계정혜의 삼발이와 같이
서로 다른 것이 아니라 하나를 가리킬 뿐이다.

4) 신도(信徒)

信 = 人(:身) + 言(:口)

==>信은 곧 신구(身口)가 작용하여 생기는 의(意)와 조화되어 나
타난 것이다. 意는 다시 마음인 心이니, 信徒란 신구의(:정신과 물
질)를 하나로 조화하여 나아가겠다고 서원하는 것이며, 이 마음이
결국 오온(五蘊)이 공(空)함을 꿰뚫고 반야지혜로 나아가겠다고
좇아나감(徒)을 말하는 것이다.

5) 법(法)

氵 + 去 --> 물이 가다, 물처럼 가다

 ==>법전(法典)에 정해진 법대로 하자는 법이 아닌, 물과 같이
    정해진 모양이 없이 어떤 모양으로든 되어서 원만하다. 무아
    이다.

6) 공부(工夫)

 ① 工
 一 + ㅣ + 一 --> 하늘과 땅을 연결하다. 음과 양의 연결

 ② 夫
 一 + 二 + 人 --> 天地人

   ==>천지·음양을 조화· 소통· 연결시키는 장부(大丈夫)

7) 선정(禪定)

 ① 禪
 示 + 單(하나, 모두, 참)

 ② 定(=正)

   ==> 바르게 하나로 보이다. 나타나다

8) 자비(慈悲)

① 慈
　검을 茲(우주·자궁의 안락한 어둠) + 마음 心
　　--> 우주. 어머니(자궁)의 마음

② 悲
　아닐 非(새의 좌우 날개, 서로 어긋나다) + 마음心
　　-->아파하는 마음. 날개로 감싸 안는 마음

9) 방편(方便)

①方 --> 방법, 방향, 두루, 널리, 모두, 바르다
②便 --> 편하다, 익히다, 적절하다

　==>모두 바르게 하다.

10) 보시(布施)

① 布 -->펴다, 드러내다

② 施 -->널리 펴다, 널리 퍼지다, 널리 나누어주다

　==>널리 펼치다

11) 사경(寫經)

① 寫 --> 베끼다, 본뜨다, 묘사하다(描寫), 그리다, 주조하다(鑄
造), 부어 만들다, 옮기다, 옮겨 놓다

② 經 --> 불경(佛經), 길(道), 법(法), 도리(道理), 잣대가 되는
가르침

==> 진리를 행하여 실천하다.
==> 종이에 써서 베끼는 것이 사경이 아니다. 설혹 베낀다고
하더라도 팔이 아프면 정성이 어쩌고 하면서 팔 망가져가면
서 억지로 하지 말고 쉬면된다.

12) 읽다, 쓰다의 본래 의미 ->행하다

①讀 -->읽다. 이해하다(理解)

②記 -->적다. 쓰다. 기억하다. 명심하다. 바로잡다
--> 바르게 기억하다. 정념

13) 심존목상(心存目想)

① 마음을 눈가는데 두다.
-->마음의 눈으로 보아야지(생각), 육근(六根)의 눈으로 보아서
는(생각) 안 된다.
② 또는 마음이라는 것은 상(目想, 四相)으로 만들어진 것이니,
진리를 꿰뚫어 볼 수 있는 눈(道眼)으로 진상(眞相 :무아)을 보

아야지 허상을 보아서는 안 된다.

14) 친구(親舊) = 友

① 親 -->친하다. 가까이 하다. 새롭다
立 + 木 +見 -->나무위에서 보다. 멀리, 넓게, 자세히 보다

②舊 --> 예. 오래도록. 평소. 일상 --->언제나·항상

③ 親見 -->만나다는 의미보다는 자세히 보다.
       --> 親見 = 觀 = 正見

   ==> 언제나 자세히 관찰하여 보다.

15) 선우(善友), 선지식(善知識)

① 善友
훌륭한 나, 너, 모두(모든 존재)

② 善知識
:선지식(善知識)의 산스크리트어 명은 칼야나 미트라(Kalyāṇa mittatā)로, 칼야나란 좋은, 훌륭한, 고귀한, 올바르다는 뜻이고, 미트라는 훌륭한 친구(善友)라는 의미를 지닌다.

==>훌륭한 지혜를 알게 하다.

==>인간만을 지칭하는 것이 아니다. 모든 존재가 다 선우이며

선지식이다. 또 훌륭함을 알게 하는 훌륭한 존재뿐만 아니라, 훌륭하지 않음을 알게 하는 샷되고 어리석은 존재 또한 선지식이다.

16) 생(生)

生 -->나다, 낳다, 살다, 만들다
一 + 二 + 人 --> 태어나다는 의미보다는 천지인의 일치, 조화를
　　　　　　　 이루다.

17) 극락왕생(極樂往生)

①極樂 =무아의 나
②往生
　往 -->향하여
　生 --> 一(天) + 二(地) + 人 == 바르게 이루다.

　==>'무아의 나'를 바르게 만들어 가겠다.

18) 방생(放生)

①放 -->널리 퍼다, 넓히다
②生 -->生 --> 一(天) + 二(地) + 人 == 바르게 이루다.

　==>탐진치에 가둬진 나 자신을 널리 펼쳐 바르게 만들다. 보문품의 넓은 문이 되는 것과 같다.

19) 천도(遷度)
 ①遷 -->옮기다, 전환하다
 ②度 -->바라밀, 완전한 상태

  ==>완전한 상태인 무아로 옮기다.

20) 백중(百中)

 ①百 -->모든

 ②中 -->바르다. 가득하다

 ③우란분(盂蘭盆)은 범어 오람파나(Ullambana)로, 'Ud-lamb-ana' 곧, '걸려있는 것을 떼는 것' 이라는 의미인데, 한역으로 '거꾸로 매달려 걸려있는 것을 뗀다'는 뜻의 이도현(離倒懸) 구도현(救倒懸)으로 불린다.

  ==>모든 것을 완전히 바르게 하다.

21) 신주(神呪)

 ①神
 示 + 申
  ⓐ되풀이 되어 나타나다 -->윤회의 근원
  ⓑ되풀이 되는 근원을 보이다

 ②呪 -->다라니, 摠持 --->능히 지녀서 잃지 않는 지혜

==>신주(神呪)의 의미

: 윤회의 근원을 알게 하고, 능히 지녀서 잃지 않는 지혜를 얻게 하여 괴로움을 소멸한다.

22) ①관자재(觀自在)

--> 지금 존재하는(在) 나를(自) 자세히 보다(觀)

--> 되풀이 되는 근원(神=示+申(:自在īśvara))을 자세히 살펴 보다.

②관세음(觀世音)

-->부처를 이루는(音=立+日) 세간(世 = 나, 일체존재)을 자세히 살피다(觀)

23) 긴고아(緊箍兒)

①緊 --> 단단하다, 굵게 얽다

②箍 --> 둘레, 테

③兒 --> 아이, 연약하다, 어린사람

==>단단하게 얽혀 둘러메어진 연약한 아(我=有我)

불교란 무엇인가 小考 법공양 발원문

시방삼세에 항상 계신 부처님께 귀의합니다!

저희가 부처님의 가르침을 만나 지극한 마음으로 부처님 법을 믿고 배우고 행하며 전하기 위하여, 굳센 원력을 세우고 발원하오니 자비로 거두어 주시옵소서.

저희는 오직 부처님의 가르침에 따라 청정한 마음과 올바른 말과 행동으로써 살아가고자 서원하오며, 세상의 모든 존재들과 함께 진리의 바른 법을 성취할 수 있기를 지심으로 발원합니다.

또한 저희는 부처님의 가르침을 올바르게 알게 되어, 저희들 가슴에 기쁨의 깨달음이 가득하고, 마음에 행복이 가득하며, 주위의 모든 이들에게 부처님의 가르침을 전할 수 있기를 간절히 발원합니다. 그리고 이 세상 곳곳마다 빠짐없이 저희의 이 서원이 널리 퍼질 수 있기를 진실한 마음으로 함께 소망합니다.

그렇기에 이 작은 책자가 불법의 소중한 불씨가 되어, 함께 하는 모든 이들의 마음에 영원히 꺼지지 않는 진리의 불이 타오르기를 기원합니다. 나아가 이 인연이 또 다른 인연에 불법의 불씨를 전하여, 부처님의 가르침이 시공을 뛰어넘어서 다시 한 번 저희로부터 온 세상에 널리 퍼져, 마침내 온 국토가 부처님의 자비광명으로 가득하게 되고, 그 속에서 모든 중생들이 행복하고 평화롭게 살아가기를 지심으로 발원합니다.

시방삼세에 항상 계신 자비하신 부처님!

부처님의 가피력이 저희를 보호하시고 돌보시어 큰 보리심을 증득하게 하시니, 이웃과 사회와 나라에 일조하며 모든 이들에게 공덕과 이익이 되고 행복을 주는 불자가 되어 가겠나이다.

저희가 부처님의 크신 자비와 원력에 예경하면서 발원을 올릴 수 있음을 마음으로부터 감사드립니다.

나무석가모니불 나무석가모니불 나무시아본사석가모니불

불교란 무엇인가 小考

발행일 : 불기 2562년(2018년) 8월 18일 발행

발행처 : 다무선원(010-4481-8988)

　　　　DhaMu Seonwon(Dharma-Mudra Zen Hall)

著　者 : 比丘 적행

발행인 : 김재경 디자인 김성우 마케팅 권태형 제작 현주프린팅

펴낸곳 : 도서출판 비움과소통

　　　　경기 평택시 목천로 65-15, 102동 601호

　　　　전화 031-667-8739 팩스 0505-115-2068

　　　　이메일 buddhapia5@daum.net

ISBN 979-11-6016-083-3 03220